AFRIKAANS
VOCABULARY

FOR ENGLISH SPEAKERS

ENGLISH-AFRIKAANS

The most useful words
To expand your lexicon and sharpen
your language skills

5000 words

Afrikaans vocabulary for English speakers - 5000 words
By Andrey Taranov

T&P Books vocabularies are intended for helping you learn, memorize and review foreign words. The dictionary is divided into themes, covering all major spheres of everyday activities, business, science, culture, etc.

The process of learning words using T&P Books' theme-based dictionaries gives you the following advantages:

- Correctly grouped source information predetermines success at subsequent stages of word memorization
- Availability of words derived from the same root allowing memorization of word units (rather than separate words)
- Small units of words facilitate the process of establishing associative links needed for consolidation of vocabulary
- Level of language knowledge can be estimated by the number of learned words

Copyright © 2017 T&P Books Publishing

All rights reserved. No part of this book may be reproduced or utilized in any form or by any means, electronic or mechanical, including photocopying, recording or by information storage and retrieval system, without permission in writing from the publishers.

T&P Books Publishing
www.tpbooks.com

ISBN: 978-1-78716-485-7

This book is also available in E-book formats.
Please visit www.tpbooks.com or the major online bookstores.

AFRIKAANS VOCABULARY
for English speakers

T&P Books vocabularies are intended to help you learn, memorize, and review foreign words. The vocabulary contains over 5000 commonly used words arranged thematically.

- Vocabulary contains the most commonly used words
- Recommended as an addition to any language course
- Meets the needs of beginners and advanced learners of foreign languages
- Convenient for daily use, revision sessions, and self-testing activities
- Allows you to assess your vocabulary

Special features of the vocabulary

- Words are organized according to their meaning, not alphabetically
- Words are presented in three columns to facilitate the reviewing and self-testing processes
- Words in groups are divided into small blocks to facilitate the learning process
- The vocabulary offers a convenient and simple transcription of each foreign word

The vocabulary has 155 topics including:

Basic Concepts, Numbers, Colors, Months, Seasons, Units of Measurement, Clothing & Accessories, Food & Nutrition, Restaurant, Family Members, Relatives, Character, Feelings, Emotions, Diseases, City, Town, Sightseeing, Shopping, Money, House, Home, Office, Working in the Office, Import & Export, Marketing, Job Search, Sports, Education, Computer, Internet, Tools, Nature, Countries, Nationalities and more ...

T&P BOOKS' THEME-BASED DICTIONARIES

The Correct System for Memorizing Foreign Words

Acquiring vocabulary is one of the most important elements of learning a foreign language, because words allow us to express our thoughts, ask questions, and provide answers. An inadequate vocabulary can impede communication with a foreigner and make it difficult to understand a book or movie well.

The pace of activity in all spheres of modern life, including the learning of modern languages, has increased. Today, we need to memorize large amounts of information (grammar rules, foreign words, etc.) within a short period. However, this does not need to be difficult. All you need to do is to choose the right training materials, learn a few special techniques, and develop your individual training system.

Having a system is critical to the process of language learning. Many people fail to succeed in this regard; they cannot master a foreign language because they fail to follow a system comprised of selecting materials, organizing lessons, arranging new words to be learned, and so on. The lack of a system causes confusion and eventually, lowers self-confidence.

T&P Books' theme-based dictionaries can be included in the list of elements needed for creating an effective system for learning foreign words. These dictionaries were specially developed for learning purposes and are meant to help students effectively memorize words and expand their vocabulary.

Generally speaking, the process of learning words consists of three main elements:

- Reception (creation or acquisition) of a training material, such as a word list
- Work aimed at memorizing new words
- Work aimed at reviewing the learned words, such as self-testing

All three elements are equally important since they determine the quality of work and the final result. All three processes require certain skills and a well-thought-out approach.

New words are often encountered quite randomly when learning a foreign language and it may be difficult to include them all in a unified list. As a result, these words remain written on scraps of paper, in book margins, textbooks, and so on. In order to systematize such words, we have to create and continually update a "book of new words." A paper notebook, a netbook, or a tablet PC can be used for these purposes.

This "book of new words" will be your personal, unique list of words. However, it will only contain the words that you came across during the learning process. For example, you might have written down the words "Sunday," "Tuesday," and "Friday." However, there are additional words for days of the week, for example, "Saturday," that are missing, and your list of words would be incomplete. Using a theme dictionary, in addition to the "book of new words," is a reasonable solution to this problem.

The theme-based dictionary may serve as the basis for expanding your vocabulary.

It will be your big "book of new words" containing the most frequently used words of a foreign language already included. There are quite a few theme-based dictionaries available, and you should ensure that you make the right choice in order to get the maximum benefit from your purchase.

Therefore, we suggest using theme-based dictionaries from T&P Books Publishing as an aid to learning foreign words. Our books are specially developed for effective use in the sphere of vocabulary systematization, expansion and review.

Theme-based dictionaries are not a magical solution to learning new words. However, they can serve as your main database to aid foreign-language acquisition. Apart from theme dictionaries, you can have copybooks for writing down new words, flash cards, glossaries for various texts, as well as other resources; however, a good theme dictionary will always remain your primary collection of words.

T&P Books' theme-based dictionaries are specialty books that contain the most frequently used words in a language.

The main characteristic of such dictionaries is the division of words into themes. For example, the *City* theme contains the words "street," "crossroads," "square," "fountain," and so on. The *Talking* theme might contain words like "to talk," "to ask," "question," and "answer".

All the words in a theme are divided into smaller units, each comprising 3–5 words. Such an arrangement improves the perception of words and makes the learning process less tiresome. Each unit contains a selection of words with similar meanings or identical roots. This allows you to learn words in small groups and establish other associative links that have a positive effect on memorization.

The words on each page are placed in three columns: a word in your native language, its translation, and its transcription. Such positioning allows for the use of techniques for effective memorization. After closing the translation column, you can flip through and review foreign words, and vice versa. "This is an easy and convenient method of review – one that we recommend you do often."

Our theme-based dictionaries contain transcriptions for all the foreign words. Unfortunately, none of the existing transcriptions are able to convey the exact nuances of foreign pronunciation. That is why we recommend using the transcriptions only as a supplementary learning aid. Correct pronunciation can only be acquired with the help of sound. Therefore our collection includes audio theme-based dictionaries.

The process of learning words using T&P Books' theme-based dictionaries gives you the following advantages:

- You have correctly grouped source information, which predetermines your success at subsequent stages of word memorization
- Availability of words derived from the same root (lazy, lazily, lazybones), allowing you to memorize word units instead of separate words
- Small units of words facilitate the process of establishing associative links needed for consolidation of vocabulary
- You can estimate the number of learned words and hence your level of language knowledge
- The dictionary allows for the creation of an effective and high-quality revision process
- You can revise certain themes several times, modifying the revision methods and techniques
- Audio versions of the dictionaries help you to work out the pronunciation of words and develop your skills of auditory word perception

The T&P Books' theme-based dictionaries are offered in several variants differing in the number of words: 1.500, 3.000, 5.000, 7.000, and 9.000 words. There are also dictionaries containing 15,000 words for some language combinations. Your choice of dictionary will depend on your knowledge level and goals.

We sincerely believe that our dictionaries will become your trusty assistant in learning foreign languages and will allow you to easily acquire the necessary vocabulary.

TABLE OF CONTENTS

T&P Books' Theme-Based Dictionaries	4
Pronunciation guide	13
Abbreviations	15

BASIC CONCEPTS	16
Basic concepts. Part 1	16

1.	Pronouns	16
2.	Greetings. Salutations. Farewells	16
3.	How to address	17
4.	Cardinal numbers. Part 1	17
5.	Cardinal numbers. Part 2	19
6.	Ordinal numbers	19
7.	Numbers. Fractions	19
8.	Numbers. Basic operations	20
9.	Numbers. Miscellaneous	20
10.	The most important verbs. Part 1	20
11.	The most important verbs. Part 2	21
12.	The most important verbs. Part 3	22
13.	The most important verbs. Part 4	23
14.	Colors	24
15.	Questions	25
16.	Prepositions	26
17.	Function words. Adverbs. Part 1	26
18.	Function words. Adverbs. Part 2	28

Basic concepts. Part 2	30

19.	Weekdays	30
20.	Hours. Day and night	30
21.	Months. Seasons	31
22.	Units of measurement	33
23.	Containers	34

HUMAN BEING	35
Human being. The body	35

24.	Head	35
25.	Human body	36

Clothing & Accessories 38

26. Outerwear. Coats 38
27. Men's & women's clothing 38
28. Clothing. Underwear 39
29. Headwear 39
30. Footwear 39
31. Personal accessories 40
32. Clothing. Miscellaneous 41
33. Personal care. Cosmetics 41
34. Watches. Clocks 42

Food. Nutricion 44

35. Food 44
36. Drinks 46
37. Vegetables 47
38. Fruits. Nuts 47
39. Bread. Candy 48
40. Cooked dishes 49
41. Spices 50
42. Meals 50
43. Table setting 51
44. Restaurant 52

Family, relatives and friends 53

45. Personal information. Forms 53
46. Family members. Relatives 53

Medicine 55

47. Diseases 55
48. Symptoms. Treatments. Part 1 56
49. Symptoms. Treatments. Part 2 57
50. Symptoms. Treatments. Part 3 58
51. Doctors 59
52. Medicine. Drugs. Accessories 59

HUMAN HABITAT 61
City 61

53. City. Life in the city 61
54. Urban institutions 62
55. Signs 64
56. Urban transportation 65

57.	Sightseeing	66
58.	Shopping	66
59.	Money	67
60.	Post. Postal service	68

Dwelling. House. Home — 70

61.	House. Electricity	70
62.	Villa. Mansion	70
63.	Apartment	71
64.	Furniture. Interior	71
65.	Bedding	72
66.	Kitchen	72
67.	Bathroom	73
68.	Household appliances	74

HUMAN ACTIVITIES — 76
Job. Business. Part 1 — 76

69.	Office. Working in the office	76
70.	Business processes. Part 1	77
71.	Business processes. Part 2	78
72.	Production. Works	79
73.	Contract. Agreement	81
74.	Import & Export	81
75.	Finances	82
76.	Marketing	83
77.	Advertising	83
78.	Banking	84
79.	Telephone. Phone conversation	85
80.	Cell phone	85
81.	Stationery	86
82.	Kinds of business	86

Job. Business. Part 2 — 89

| 83. | Show. Exhibition | 89 |
| 84. | Science. Research. Scientists | 90 |

Professions and occupations — 92

85.	Job search. Dismissal	92
86.	Business people	92
87.	Service professions	94
88.	Military professions and ranks	94
89.	Officials. Priests	95

90.	Agricultural professions	96
91.	Art professions	96
92.	Various professions	97
93.	Occupations. Social status	98

Education 100

94.	School	100
95.	College. University	101
96.	Sciences. Disciplines	102
97.	Writing system. Orthography	102
98.	Foreign languages	104

Rest. Entertainment. Travel 105

99.	Trip. Travel	105
100.	Hotel	106

TECHNICAL EQUIPMENT. TRANSPORTATION 107
Technical equipment 107

101.	Computer	107
102.	Internet. E-mail	108
103.	Electricity	109
104.	Tools	110

Transportation 113

105.	Airplane	113
106.	Train	114
107.	Ship	115
108.	Airport	117

Life events 118

109.	Holidays. Event	118
110.	Funerals. Burial	119
111.	War. Soldiers	119
112.	War. Military actions. Part 1	121
113.	War. Military actions. Part 2	122
114.	Weapons	124
115.	Ancient people	125
116.	Middle Ages	126
117.	Leader. Chief. Authorities	127
118.	Breaking the law. Criminals. Part 1	128
119.	Breaking the law. Criminals. Part 2	130

| 120. | Police. Law. Part 1 | 131 |
| 121. | Police. Law. Part 2 | 132 |

NATURE
The Earth. Part 1

122.	Outer space	134
123.	The Earth	135
124.	Cardinal directions	136
125.	Sea. Ocean	136
126.	Seas' and Oceans' names	137
127.	Mountains	138
128.	Mountains names	139
129.	Rivers	139
130.	Rivers' names	140
131.	Forest	141
132.	Natural resources	142

The Earth. Part 2

| 133. | Weather | 144 |
| 134. | Severe weather. Natural disasters | 145 |

Fauna

135.	Mammals. Predators	146
136.	Wild animals	146
137.	Domestic animals	148
138.	Birds	149
139.	Fish. Marine animals	150
140.	Amphibians. Reptiles	151
141.	Insects	151

Flora

142.	Trees	153
143.	Shrubs	154
144.	Fruits. Berries	154
145.	Flowers. Plants	155
146.	Cereals, grains	156

COUNTRIES. NATIONALITIES

147.	Western Europe	157
148.	Central and Eastern Europe	157
149.	Former USSR countries	158

150.	Asia	158
151.	North America	159
152.	Central and South America	159
153.	Africa	160
154.	Australia. Oceania	160
155.	Cities	160

PRONUNCIATION GUIDE

T&P phonetic alphabet	Afrikaans example	English example
[a]	land	shorter than in ask
[ā]	straat	calf, palm
[æ]	hout	chess, man
[o], [ɔ]	Australië	drop, baught
[e]	metaal	elm, medal
[ɛ]	aanlê	man, bad
[ə]	filter	driver, teacher
[ı]	uur	big, America
[i]	billik	shorter than in feet
[ī]	naïef	tree, big
[o]	koppie	pod, John
[ø]	akteur	eternal, church
[œ]	fluit	German Hölle
[u]	hulle	book
[ʊ]	hout	good, booklet
[b]	bakker	baby, book
[d]	donder	day, doctor
[f]	navraag	face, food
[g]	burger	game, gold
[h]	driehoek	home, have
[j]	byvoeg	yes, New York
[k]	kamera	clock, kiss
[l]	loon	lace, people
[m]	môre	magic, milk
[n]	neef	sang, thing
[p]	pyp	pencil, private
[r]	rigting	rice, radio
[s]	oplos	city, boss
[t]	lood, tenk	tourist, trip
[v]	bewaar	very, river
[w]	oorwinnaar	vase, winter
[z]	zoem	zebra, please
[dʒ]	enjin	joke, general
[ʃ]	artisjok	machine, shark
[ŋ]	kans	English, ring

T&P phonetic alphabet	Afrikaans example	English example
[tʃ]	tjek	church, French
[ʒ]	beige	forge, pleasure
[x]	agent	as in Scots 'loch'

ABBREVIATIONS
used in the vocabulary

English abbreviations

ab.	-	about
adj	-	adjective
adv	-	adverb
anim.	-	animate
as adj	-	attributive noun used as adjective
e.g.	-	for example
etc.	-	et cetera
fam.	-	familiar
fem.	-	feminine
form.	-	formal
inanim.	-	inanimate
masc.	-	masculine
math	-	mathematics
mil.	-	military
n	-	noun
pl	-	plural
pron.	-	pronoun
sb	-	somebody
sing.	-	singular
sth	-	something
v aux	-	auxiliary verb
vi	-	intransitive verb
vi, vt	-	intransitive, transitive verb
vt	-	transitive verb

BASIC CONCEPTS

Basic concepts. Part 1

1. Pronouns

I, me	ek, my	[ɛk], [maj]
you	jy	[jaj]
he	hy	[haj]
she	sy	[saj]
it	dit	[dit]
we	ons	[ɔŋs]
you (to a group)	julle	[jullə]
you (polite, sing.)	u	[u]
you (polite, pl)	u	[u]
they	hulle	[hullə]

2. Greetings. Salutations. Farewells

Hello! (fam.)	Hallo!	[hallo!]
Hello! (form.)	Hallo!	[hallo!]
Good morning!	Goeie môre!	[χuje mɔrə!]
Good afternoon!	Goeiemiddag!	[χuje·middaχ!]
Good evening!	Goeienaand!	[χuje·nānt!]
to say hello	dagsê	[daχsɛ:]
Hi! (hello)	Hallo!	[hallo!]
greeting (n)	groet	[χrut]
to greet (vt)	groet	[χrut]
How are you?	Hoe gaan dit?	[hu χān dit?]
What's new?	Hoe gaan dit?	[hu χān dit?]
Goodbye!	Totsiens!	[totsiŋs!]
Bye!	Koebaai!	[kubāi!]
See you soon!	Totsiens!	[totsiŋs!]
Farewell!	Totsiens!	[totsiŋs!]
Farewell! (to a friend)	Mooi loop!	[moj loəp!]
Farewell! (form.)	Vaarwel!	[fārwel!]
to say goodbye	afskeid neem	[afskæjt neəm]
So long!	Koebaai!	[kubāi!]

Thank you!	**Dankie!**	[danki!]
Thank you very much!	**Baie dankie!**	[baje danki!]
You're welcome	**Plesier**	[plesir]
Don't mention it!	**Plesier!**	[plesir!]
It was nothing	**Plesier**	[plesir]
Excuse me! (fam.)	**Ekskuus!**	[ɛkskɪs!]
Excuse me! (form.)	**Verskoon my!**	[ferskoən maj!]
to excuse (forgive)	**verskoon**	[ferskoən]
to apologize (vi)	**verskoning vra**	[ferskoniŋ fra]
My apologies	**Verskoning**	[ferskoniŋ]
I'm sorry!	**Ek is jammer!**	[ɛk is jammər!]
to forgive (vt)	**vergewe**	[ferχevə]
It's okay! (that's all right)	**Maak nie saak nie!**	[māk ni sāk ni!]
please (adv)	**asseblief**	[asseblif]
Don't forget!	**Vergeet dit nie!**	[ferχeet dit ni!]
Certainly!	**Beslis!**	[beslis!]
Of course not!	**Natuurlik nie!**	[natɪrlik ni!]
Okay! (I agree)	**OK!**	[okej!]
That's enough!	**Dis genoeg!**	[dis χenuχ!]

3. How to address

Excuse me, ...	**Verskoon my, ...**	[ferskoən maj, ...]
mister, sir	**meneer**	[meneər]
ma'am	**mevrou**	[mefræʊ]
miss	**juffrou**	[juffræʊ]
young man	**jongman**	[joŋman]
young man (little boy, kid)	**boet**	[but]
miss (little girl)	**sussie**	[sussi]

4. Cardinal numbers. Part 1

0 zero	**nul**	[nul]
1 one	**een**	[eən]
2 two	**twee**	[weə]
3 three	**drie**	[dri]
4 four	**vier**	[fir]
5 five	**vyf**	[fajf]
6 six	**ses**	[ses]
7 seven	**sewe**	[sevə]
8 eight	**ag**	[aχ]
9 nine	**nege**	[neχə]

10 ten	tien	[tin]
11 eleven	elf	[ɛlf]
12 twelve	twaalf	[twãlf]
13 thirteen	dertien	[dertin]
14 fourteen	veertien	[feərtin]
15 fifteen	vyftien	[fajftin]
16 sixteen	sestien	[sestin]
17 seventeen	sewetien	[sevətin]
18 eighteen	agtien	[aχtin]
19 nineteen	negetien	[neχetin]
20 twenty	twintig	[twintəχ]
21 twenty-one	een-en-twintig	[eən-en-twintəχ]
22 twenty-two	twee-en-twintig	[tweə-en-twintəχ]
23 twenty-three	drie-en-twintig	[dri-en-twintəχ]
30 thirty	dertig	[dertəχ]
31 thirty-one	een-en-dertig	[eən-en-dertəχ]
32 thirty-two	twee-en-dertig	[tweə-en-dertəχ]
33 thirty-three	drie-en-dertig	[dri-en-dertəχ]
40 forty	veertig	[feərtəχ]
41 forty-one	een-en-veertig	[eən-en-feərtəχ]
42 forty-two	twee-en-veertig	[tweə-en-feərtəχ]
43 forty-three	vier-en-veertig	[fir-en-feərtəχ]
50 fifty	vyftig	[fajftəχ]
51 fifty-one	een-en-vyftig	[eən-en-fajftəχ]
52 fifty-two	twee-en-vyftig	[tweə-en-fajftəχ]
53 fifty-three	drie-en-vyftig	[dri-en-fajftəχ]
60 sixty	sestig	[sestəχ]
61 sixty-one	een-en-sestig	[eən-en-sestəχ]
62 sixty-two	twee-en-sestig	[tweə-en-sestəχ]
63 sixty-three	drie-en-sestig	[dri-en-sestəχ]
70 seventy	sewentig	[seventəχ]
71 seventy-one	een-en-sewentig	[eən-en-seventəχ]
72 seventy-two	twee-en-sewentig	[tweə-en-seventəχ]
73 seventy-three	drie-en-sewentig	[dri-en-seventəχ]
80 eighty	tagtig	[taχtəχ]
81 eighty-one	een-en-tagtig	[eən-en-taχtəχ]
82 eighty-two	twee-en-tagtig	[tweə-en-taχtəχ]
83 eighty-three	drie-en-tagtig	[dri-en-taχtəχ]
90 ninety	negentig	[neχentəχ]
91 ninety-one	een-en-negentig	[eən-en-neχentəχ]
92 ninety-two	twee-en-negentig	[tweə-en-neχentəχ]
93 ninety-three	drie-en-negentig	[dri-en-neχentəχ]

5. Cardinal numbers. Part 2

100 one hundred	honderd	[hondərt]
200 two hundred	tweehonderd	[twee·hondərt]
300 three hundred	driehonderd	[dri·hondərt]
400 four hundred	vierhonderd	[fir·hondərt]
500 five hundred	vyfhonderd	[fajf·hondərt]
600 six hundred	seshonderd	[ses·hondərt]
700 seven hundred	sewehonderd	[sevə·hondərt]
800 eight hundred	aghonderd	[aχ·hondərt]
900 nine hundred	negehonderd	[neχə·hondərt]
1000 one thousand	duisend	[dœisent]
2000 two thousand	tweeduisend	[twee·dœisent]
3000 three thousand	drieduisend	[dri·dœisent]
10000 ten thousand	tienduisend	[tin·dœisent]
one hundred thousand	honderdduisend	[hondərt·dajsent]
million	miljoen	[miljun]
billion	miljard	[miljart]

6. Ordinal numbers

first (adj)	eerste	[eərstə]
second (adj)	tweede	[tweedə]
third (adj)	derde	[derdə]
fourth (adj)	vierde	[firdə]
fifth (adj)	vyfde	[fajfdə]
sixth (adj)	sesde	[sesdə]
seventh (adj)	sewende	[sevendə]
eighth (adj)	agste	[aχstə]
ninth (adj)	negende	[neχendə]
tenth (adj)	tiende	[tində]

7. Numbers. Fractions

fraction	breuk	[brøək]
one half	helfte	[hɛlftə]
one third	derde	[derdə]
one quarter	kwart	[kwart]
one eighth	agste	[aχstə]
one tenth	tiende	[tində]
two thirds	twee derde	[twee derdə]
three quarters	driekwart	[drikwart]

8. Numbers. Basic operations

subtraction	aftrekking	[aftrɛkkiŋ]
to subtract (vi, vt)	aftrek	[aftrek]
division	deling	[deliŋ]
to divide (vt)	deel	[deəl]
addition	optelling	[optɛlliŋ]
to add up (vt)	optel	[optəl]
to add (vi, vt)	optel	[optəl]
multiplication	vermenigvuldiging	[fermeniχ·fuldəχiŋ]
to multiply (vt)	vermenigvuldig	[fermeniχ·fuldəχ]

9. Numbers. Miscellaneous

digit, figure	syfer	[sajfər]
number	nommer	[nommər]
numeral	telwoord	[tɛlwoərt]
minus sign	minusteken	[minus·tekən]
plus sign	plusteken	[plus·tekən]
formula	formule	[formulə]
calculation	berekening	[berekeniŋ]
to count (vi, vt)	tel	[təl]
to count up	optel	[optəl]
to compare (vt)	vergelyk	[ferχəlajk]
How much?	Hoeveel?	[hufeəl?]
How many?	Hoeveel?	[hufeəl?]
sum, total	som, totaal	[som], [totāl]
result	resultaat	[resultāt]
remainder	oorskot	[oərskot]
little (I had ~ time)	min	[min]
few (I have ~ friends)	min	[min]
the rest	die res	[di res]
dozen	dosyn	[dosajn]
in half (adv)	middeldeur	[middəldøər]
equally (evenly)	gelyk	[χelajk]
half	helfte	[hɛlftə]
time (three ~s)	maal	[māl]

10. The most important verbs. Part 1

to advise (vt)	aanraai	[ānrāi]
to agree (say yes)	saamstem	[sāmstem]

to answer (vi, vt)	antwoord	[antwoərt]
to apologize (vi)	verskoning vra	[ferskoniŋ fra]
to arrive (vi)	aankom	[ānkom]

to ask (~ oneself)	vra	[fra]
to ask (~ sb to do sth)	vra	[fra]
to be (vi)	wees	[veəs]

to be afraid	bang wees	[baŋ veəs]
to be hungry	honger wees	[hoŋər veəs]
to be interested in ...	belangstel in ...	[belaŋstəl in ...]
to be needed	nodig wees	[nodəχ veəs]
to be surprised	verbaas wees	[ferbās veəs]

to be thirsty	dors wees	[dors veəs]
to begin (vt)	begin	[beχin]
to belong to ...	behoort aan ...	[behoərt ān ...]
to boast (vi)	spog	[spoχ]
to break (split into pieces)	breek	[breək]

to call (~ for help)	roep	[rup]
can (v aux)	kan	[kan]
to catch (vt)	vang	[faŋ]
to change (vt)	verander	[ferandər]
to choose (select)	kies	[kis]

to come down (the stairs)	afkom	[afkom]
to compare (vt)	vergelyk	[ferχəlajk]
to complain (vi, vt)	kla	[kla]
to confuse (mix up)	verwar	[ferwar]
to continue (vt)	aangaan	[ānχān]
to control (vt)	kontroleer	[kontroleər]

to cook (dinner)	kook	[koək]
to cost (vt)	kos	[kos]
to count (add up)	tel	[təl]
to count on ...	reken op ...	[reken op ...]
to create (vt)	skep	[skep]
to cry (weep)	huil	[hœil]

11. The most important verbs. Part 2

to deceive (vi, vt)	bedrieg	[bedrəχ]
to decorate (tree, street)	versier	[fersir]
to defend (a country, etc.)	verdedig	[ferdedəχ]
to demand (request firmly)	eis	[æjs]
to dig (vt)	grawe	[χravə]

| to discuss (vt) | bespreek | [bespreək] |
| to do (vt) | doen | [dun] |

English	Afrikaans	IPA
to doubt (have doubts)	twyfel	[twajfəl]
to drop (let fall)	laat val	[lāt fal]
to enter (room, house, etc.)	binnegaan	[binnəχān]
to excuse (forgive)	verskoon	[ferskoən]
to exist (vi)	bestaan	[bestān]
to expect (foresee)	voorsien	[foərsin]
to explain (vt)	verduidelik	[ferdœidəlik]
to fall (vi)	val	[fal]
to find (vt)	vind	[fint]
to finish (vt)	klaarmaak	[klārmāk]
to fly (vi)	vlieg	[fliχ]
to follow ... (come after)	volg ...	[folχ ...]
to forget (vi, vt)	vergeet	[ferχeət]
to forgive (vt)	vergewe	[ferχevə]
to give (vt)	gee	[χeə]
to go (on foot)	gaan	[χān]
to go for a swim	gaan swem	[χān swem]
to go out (for dinner, etc.)	uitgaan	[œitχān]
to guess (the answer)	raai	[rāi]
to have (vt)	hê	[hɛ:]
to have breakfast	ontbyt	[ontbajt]
to have dinner	aandete gebruik	[āndetə χebrœik]
to have lunch	gaan eet	[χān eət]
to hear (vt)	hoor	[hoər]
to help (vt)	help	[hɛlp]
to hide (vt)	wegsteek	[veχsteək]
to hope (vi, vt)	hoop	[hoəp]
to hunt (vi, vt)	jag	[jaχ]
to hurry (vi)	opskud	[opskut]

12. The most important verbs. Part 3

English	Afrikaans	IPA
to inform (vt)	in kennis stel	[in kɛnnis stəl]
to insist (vi, vt)	aandring	[āndriŋ]
to insult (vt)	beledig	[beledəχ]
to invite (vt)	uitnooi	[œitnoj]
to joke (vi)	grappies maak	[χrappis māk]
to keep (vt)	bewaar	[bevār]
to keep silent	stilbly	[stilblaj]
to kill (vt)	doodmaak	[doədmāk]
to know (sb)	ken	[ken]
to know (sth)	weet	[veət]

to laugh (vi)	lag	[laχ]
to liberate (city, etc.)	bevry	[befraj]
to like (I like ...)	hou van	[hæʊ fan]
to look for ... (search)	soek ...	[suk ...]
to love (sb)	liefhê	[lifhɛ:]

to manage, to run	beheer	[beheər]
to mean (signify)	beteken	[betekən]
to mention (talk about)	verwys na	[ferwajs na]
to miss (school, etc.)	bank	[bank]
to notice (see)	raaksien	[rāksin]

to object (vi, vt)	beswaar maak	[beswār māk]
to observe (see)	waarneem	[vārneəm]
to open (vt)	oopmaak	[oəpmāk]
to order (meal, etc.)	bestel	[bestəl]
to order (mil.)	beveel	[befeəl]
to own (possess)	besit	[besit]

to participate (vi)	deelneem	[deəlneəm]
to pay (vi, vt)	betaal	[betāl]
to permit (vt)	toestaan	[tustān]
to plan (vt)	beplan	[beplan]
to play (children)	speel	[speəl]

to pray (vi, vt)	bid	[bit]
to prefer (vt)	verkies	[ferkis]
to promise (vt)	beloof	[beloəf]
to pronounce (vt)	uitspreek	[œitspreək]
to propose (vt)	voorstel	[foərstəl]
to punish (vt)	straf	[straf]

13. The most important verbs. Part 4

to read (vi, vt)	lees	[leəs]
to recommend (vt)	aanbeveel	[ānbefeəl]
to refuse (vi, vt)	weier	[væjer]
to regret (be sorry)	jammer wees	[jammər veəs]
to rent (sth from sb)	huur	[hɪr]

to repeat (say again)	herhaal	[herhāl]
to reserve, to book	bespreek	[bespreək]
to run (vi)	hardloop	[hardloəp]
to save (rescue)	red	[ret]
to say (~ thank you)	sê	[sɛ:]

to scold (vt)	uitvaar teen	[œitfār teən]
to see (vt)	sien	[sin]
to sell (vt)	verkoop	[ferkoəp]
to send (vt)	stuur	[stɪr]

to shoot (vi)	skiet	[skit]
to shout (vi)	skreeu	[skriʊ]
to show (vt)	wys	[vajs]
to sign (document)	teken	[tekən]
to sit down (vi)	gaan sit	[χãn sit]
to smile (vi)	glimlag	[χlimlaχ]
to speak (vi, vt)	praat	[prãt]
to steal (money, etc.)	steel	[steəl]
to stop (for pause, etc.)	stilhou	[stilhæʊ]
to stop (please ~ calling me)	ophou	[ophæʊ]
to study (vt)	studeer	[studeər]
to swim (vi)	swem	[swem]
to take (vt)	vat	[fat]
to think (vi, vt)	dink	[dink]
to threaten (vt)	dreig	[dræjχ]
to touch (with hands)	aanraak	[ãnrãk]
to translate (vt)	vertaal	[fertãl]
to trust (vt)	vertrou	[fertræʊ]
to try (attempt)	probeer	[probeər]
to turn (e.g., ~ left)	draai	[drãi]
to underestimate (vt)	onderskat	[ondərskat]
to understand (vt)	verstaan	[ferstãn]
to unite (vt)	verenig	[ferenəχ]
to wait (vt)	wag	[vaχ]
to want (wish, desire)	wil	[vil]
to warn (vt)	waarsku	[vãrsku]
to work (vi)	werk	[verk]
to write (vt)	skryf	[skrajʃ]
to write down	opskryf	[opskrajʃ]

14. Colors

color	kleur	[kløər]
shade (tint)	skakering	[skakeriŋ]
hue	tint	[tint]
rainbow	reënboog	[rɛɛn·boəχ]
white (adj)	wit	[vit]
black (adj)	swart	[swart]
gray (adj)	grys	[χrajs]
green (adj)	groen	[χrun]
yellow (adj)	geel	[χeəl]
red (adj)	rooi	[roj]

blue (adj)	blou	[blæʊ]
light blue (adj)	ligblou	[liχ·blæʊ]
pink (adj)	pienk	[pink]
orange (adj)	oranje	[oranje]
violet (adj)	pers	[pers]
brown (adj)	bruin	[brœin]
golden (adj)	goue	[χæʊə]
silvery (adj)	silweragtig	[silweraχtəχ]
beige (adj)	beige	[bɛ:iʒ]
cream (adj)	roomkleurig	[roəm·kløərəχ]
turquoise (adj)	turkoois	[turkojs]
cherry red (adj)	kersierooi	[kersi·roj]
lilac (adj)	lila	[lila]
crimson (adj)	karmosyn	[karmosajn]
light (adj)	lig	[liχ]
dark (adj)	donker	[donkər]
bright, vivid (adj)	helder	[hɛldər]
colored (pencils)	kleurig	[kløərəχ]
color (e.g., ~ film)	kleur	[kløər]
black-and-white (adj)	swart-wit	[swart-wit]
plain (one-colored)	effe	[ɛffə]
multicolored (adj)	veelkleurig	[feəlkløərəχ]

15. Questions

Who?	Wie?	[vi?]
What?	Wat?	[vat?]
Where? (at, in)	Waar?	[vār?]
Where (to)?	Waarheen?	[vārheən?]
From where?	Waarvandaan?	[vārfandān?]
When?	Wanneer?	[vanneər?]
Why? (What for?)	Hoekom?	[hukom?]
Why? (~ are you crying?)	Hoekom?	[hukom?]
What for?	Vir wat?	[fir vat?]
How? (in what way)	Hoe?	[hu?]
What? (What kind of ...?)	Watter?	[vattər?]
Which?	Watter een?	[vattər eən?]
To whom?	Vir wie?	[fir vi?]
About whom?	Oor wie?	[oər vi?]
About what?	Oor wat?	[oər vat?]
With whom?	Met wie?	[met vi?]
How many? How much?	Hoeveel?	[hufeəl?]

16. Prepositions

with (accompanied by)	**met**	[met]
without	**sonder**	[sondər]
to (indicating direction)	**na**	[na]
about (talking ~ ...)	**oor**	[oər]
before (in time)	**voor**	[foər]
in front of ...	**voor ...**	[foər ...]
under (beneath, below)	**onder**	[ondər]
above (over)	**oor**	[oər]
on (atop)	**op**	[op]
from (off, out of)	**uit**	[œit]
of (made from)	**van**	[fan]
in (e.g., ~ ten minutes)	**oor**	[oər]
over (across the top of)	**oor**	[oər]

17. Function words. Adverbs. Part 1

Where? (at, in)	**Waar?**	[vãr?]
here (adv)	**hier**	[hir]
there (adv)	**daar**	[dãr]
somewhere (to be)	**êrens**	[ærɛŋs]
nowhere (not anywhere)	**nêrens**	[nærɛŋs]
by (near, beside)	**by**	[baj]
by the window	**by**	[baj]
Where (to)?	**Waarheen?**	[vãrheən?]
here (e.g., come ~!)	**hier**	[hir]
there (e.g., to go ~)	**soontoe**	[soentu]
from here (adv)	**hiervandaan**	[hirfandãn]
from there (adv)	**daarvandaan**	[dãrfandãn]
close (adv)	**naby**	[nabaj]
far (adv)	**ver**	[fer]
near (e.g., ~ Paris)	**naby**	[nabaj]
nearby (adv)	**naby**	[nabaj]
not far (adv)	**nie ver nie**	[ni fər ni]
left (adj)	**linker-**	[linkər-]
on the left	**op linkerhand**	[op linkərhant]
to the left	**na links**	[na links]
right (adj)	**regter**	[reχtər]
on the right	**op regterhand**	[op reχtərhant]

English	Afrikaans	IPA
to the right	na regs	[na rɛχs]
in front (adv)	voor	[foər]
front (as adj)	voorste	[foərstə]
ahead (the kids ran ~)	vooruit	[foərœit]
behind (adv)	agter	[aχtər]
from behind	van agter	[fan aχtər]
back (towards the rear)	agtertoe	[aχtərtu]
middle	middel	[middəl]
in the middle	in die middel	[in di middəl]
at the side	op die sykant	[op di sajkant]
everywhere (adv)	orals	[orals]
around (in all directions)	orals rond	[orals ront]
from inside	van binne	[fan binnə]
somewhere (to go)	êrens	[ærɛŋs]
straight (directly)	reguit	[reχœit]
back (e.g., come ~)	terug	[teruχ]
from anywhere	êrens vandaan	[ærɛŋs fandān]
from somewhere	êrens vandaan	[ærɛŋs fandān]
firstly (adv)	in die eerste plek	[in di eərstə plek]
secondly (adv)	in die tweede plek	[in di tweədə plek]
thirdly (adv)	in die derde plek	[in di derdə plek]
suddenly (adv)	skielik	[skilik]
at first (in the beginning)	aan die begin	[ān di beχin]
for the first time	vir die eerste keer	[fir di eərstə keər]
long before ...	lank voordat ...	[lank foərdat ...]
anew (over again)	opnuut	[opnɪt]
for good (adv)	vir goed	[fir χut]
never (adv)	nooit	[nojt]
again (adv)	weer	[veər]
now (adv)	nou	[næʋ]
often (adv)	dikwels	[dikwɛls]
then (adv)	toe	[tu]
urgently (quickly)	dringend	[driŋəŋ]
usually (adv)	gewoonlik	[χevoənlik]
by the way, ...	terloops, ...	[terloəps], [...]
possible (that is ~)	moontlik	[moentlik]
probably (adv)	waarskynlik	[vārskajnlik]
maybe (adv)	dalk	[dalk]
besides ...	trouens...	[træʋɛŋs...]
that's why ...	dis hoekom ...	[dis hukom ...]
in spite of ...	ondanks ...	[ondanks ...]
thanks to ...	danksy ...	[danksaj ...]
what (pron.)	wat	[vat]

that (conj.)	dat	[dat]
something	iets	[its]
anything (something)	iets	[its]
nothing	niks	[niks]

who (pron.)	wie	[vi]
someone	iemand	[imant]
somebody	iemand	[imant]

nobody	niemand	[nimant]
nowhere (a voyage to ~)	nêrens	[nærɛŋs]
nobody's	niemand se	[nimant sə]
somebody's	iemand se	[imant sə]

so (I'm ~ glad)	so	[so]
also (as well)	ook	[oək]
too (as well)	ook	[oək]

18. Function words. Adverbs. Part 2

| Why? | Waarom? | [vărom?] |
| because ... | omdat ... | [omdat ...] |

and	en	[ɛn]
or	of	[of]
but	maar	[mãr]
for (e.g., ~ me)	vir	[fir]

too (~ many people)	te	[te]
only (exclusively)	net	[net]
exactly (adv)	presies	[presis]
about (more or less)	ongeveer	[onχəfeər]

approximately (adv)	ongeveer	[onχəfeər]
approximate (adj)	geraamde	[χerãmdə]
almost (adv)	amper	[ampər]
the rest	die res	[di res]

the other (second)	die ander	[di andər]
other (different)	ander	[andər]
each (adj)	elke	[ɛlkə]
any (no matter which)	enige	[ɛniχə]
many (adv)	baie	[bajə]
much (adv)	baie	[bajə]
many people	baie mense	[bajə mɛŋsə]
all (everyone)	almal	[almal]

in return for ...	in ruil vir...	[in rœil fir...]
in exchange (adv)	as vergoeding	[as ferχudiŋ]
by hand (made)	met die hand	[met di hant]

hardly (negative opinion)	skaars	[skārs]
probably (adv)	waarskynlik	[vārskajnlik]
on purpose (intentionally)	opsetlik	[opsetlik]
by accident (adv)	toevallig	[tufalləx]
very (adv)	baie	[baje]
for example (adv)	byvoorbeeld	[bajfoərbeəlt]
between	tussen	[tussən]
among	tussen	[tussən]
so much (such a lot)	so baie	[so baje]
especially (adv)	veral	[feral]

Basic concepts. Part 2

19. Weekdays

Monday	Maandag	[māndaχ]
Tuesday	Dinsdag	[dinsdaχ]
Wednesday	Woensdag	[voɛŋsdaχ]
Thursday	Donderdag	[dondərdaχ]
Friday	Vrydag	[frajdaχ]
Saturday	Saterdag	[satərdaχ]
Sunday	Sondag	[sondaχ]

today (adv)	vandag	[fandaχ]
tomorrow (adv)	môre	[mɔrə]
the day after tomorrow	oormôre	[oərmɔrə]
yesterday (adv)	gister	[χistər]
the day before yesterday	eergister	[eərχistər]

day	dag	[daχ]
working day	werksdag	[verks·daχ]
public holiday	openbare vakansiedag	[openbarə fakaŋsi·daχ]
day off	verlofdag	[ferlofdaχ]
weekend	naweek	[naveək]

all day long	die hele dag	[di helə daχ]
the next day (adv)	die volgende dag	[di folχendə daχ]
two days ago	twee dae gelede	[tweə daə χeledə]
the day before	die dag voor	[di daχ foər]
daily (adj)	daeliks	[daəliks]
every day (adv)	elke dag	[ɛlkə daχ]

week	week	[veək]
last week (adv)	laas week	[lās veək]
next week (adv)	volgende week	[folχendə veək]
weekly (adj)	weekliks	[veəkliks]
every week (adv)	weekliks	[veəkliks]
every Tuesday	elke Dinsdag	[ɛlkə dinsdaχ]

20. Hours. Day and night

morning	oggend	[oχent]
in the morning	soggens	[soχɛŋs]
noon, midday	middag	[middaχ]
in the afternoon	in die namiddag	[in di namiddaχ]

evening	aand	[ānt]
in the evening	saans	[sāŋs]
night	nag	[naχ]
at night	snags	[snaχs]
midnight	middernag	[middərnaχ]
second	sekonde	[sekondə]
minute	minuut	[minɪt]
hour	uur	[ɪr]
half an hour	n halfuur	[n halfɪr]
fifteen minutes	vyftien minute	[fajftin minutə]
24 hours	24 ure	[fir-en-twintəχ urə]
sunrise	sonop	[son·op]
dawn	daeraad	[daerāt]
early morning	elke oggend	[ɛlkə oχent]
sunset	sononder	[son·ondər]
early in the morning	vroegdag	[fruχdaχ]
this morning	vanmôre	[fanmɔrə]
tomorrow morning	môreoggend	[mɔrə·oχent]
this afternoon	vanmiddag	[fanmiddaχ]
in the afternoon	in die namiddag	[in di namiddaχ]
tomorrow afternoon	môremiddag	[mɔrə·middaχ]
tonight (this evening)	vanaand	[fanānt]
tomorrow night	môreaand	[mɔrə·ānt]
at 3 o'clock sharp	klokslag 3 uur	[klokslaχ dri ɪr]
about 4 o'clock	omstreeks 4 uur	[omstreeks fir ɪr]
by 12 o'clock	teen 12 uur	[teən twalf ɪr]
in 20 minutes	oor twintig minute	[oər twintəχ minutə]
on time (adv)	betyds	[betajds]
a quarter of ...	kwart voor ...	[kwart foər ...]
every 15 minutes	elke 15 minute	[ɛlkə fajftin minutə]
round the clock	24 uur per dag	[fir-en-twintəχ pər daχ]

21. Months. Seasons

January	Januarie	[januari]
February	Februarie	[februari]
March	Maart	[mārt]
April	April	[april]
May	Mei	[mæj]
June	Junie	[juni]
July	Julie	[juli]
August	Augustus	[ɔuχustus]

English	Afrikaans	Pronunciation
September	**September**	[septembər]
October	**Oktober**	[oktobər]
November	**November**	[nofembər]
December	**Desember**	[desembər]
spring	**lente**	[lentə]
in spring	**in die lente**	[in di lentə]
spring (as adj)	**lente-**	[lentə-]
summer	**somer**	[somər]
in summer	**in die somer**	[in di somər]
summer (as adj)	**somerse**	[somersə]
fall	**herfs**	[herfs]
in fall	**in die herfs**	[in di herfs]
fall (as adj)	**herfsagtige**	[herfsaχtiχə]
winter	**winter**	[vintər]
in winter	**in die winter**	[in di vintər]
winter (as adj)	**winter-**	[vintər-]
month	**maand**	[mānt]
this month	**hierdie maand**	[hirdi mānt]
next month	**volgende maand**	[folχendə mānt]
last month	**laasmaand**	[lāsmānt]
in 2 months (2 months later)	**oor twe maande**	[oər twə māndə]
the whole month	**die hele maand**	[di helə mānt]
monthly (~ magazine)	**maandeliks**	[māndəliks]
monthly (adv)	**maandeliks**	[māndəliks]
every month	**elke maand**	[ɛlkə mānt]
year	**jaar**	[jār]
this year	**hierdie jaar**	[hirdi jār]
next year	**volgende jaar**	[folχendə jār]
last year	**laasjaar**	[lāʃār]
in two years	**binne twee jaar**	[binnə tweə jār]
the whole year	**die hele jaar**	[di helə jār]
every year	**elke jaar**	[ɛlkə jār]
annual (adj)	**jaarliks**	[jārliks]
annually (adv)	**jaarliks**	[jārliks]
4 times a year	**4 keer per jaar**	[fir keər pər jār]
date (e.g., today's ~)	**datum**	[datum]
date (e.g., ~ of birth)	**datum**	[datum]
calendar	**kalender**	[kalendər]
six months	**ses maande**	[ses māndə]
season (summer, etc.)	**seisoen**	[sæjsun]
century	**eeu**	[iʊ]

22. Units of measurement

English	Afrikaans	Pronunciation
weight	gewig	[χeveχ]
length	lengte	[leŋtə]
width	breedte	[breedtə]
height	hoogte	[hoeχtə]
depth	diepte	[diptə]
volume	volume	[folumə]
area	area	[area]
gram	gram	[χram]
milligram	milligram	[milliχram]
kilogram	kilogram	[kiloχram]
ton	ton	[ton]
pound	pond	[pont]
ounce	ons	[ɔŋs]
meter	meter	[metər]
millimeter	millimeter	[millimetər]
centimeter	sentimeter	[sentimetər]
kilometer	kilometer	[kilometər]
mile	myl	[majl]
inch	duim	[dœim]
foot	voet	[fut]
yard	jaart	[jãrt]
square meter	vierkante meter	[firkantə metər]
hectare	hektaar	[hektãr]
liter	liter	[litər]
degree	graad	[χrãt]
volt	volt	[folt]
ampere	ampère	[ampɛ:r]
horsepower	perdekrag	[perdə·kraχ]
quantity	hoeveelheid	[hufeəlhæjt]
half	helfte	[hɛlftə]
dozen	dosyn	[dosajn]
piece (item)	stuk	[stuk]
size	grootte	[χroəttə]
scale (map ~)	skaal	[skãl]
minimal (adj)	minimaal	[minimãl]
the smallest (adj)	die kleinste	[di klæjnstə]
medium (adj)	medium	[medium]
maximal (adj)	maksimaal	[maksimãl]
the largest (adj)	die grootste	[di χroətstə]

23. Containers

canning jar (glass ~)	**glaspot**	[χlas·pot]
can	**blikkie**	[blikki]
bucket	**emmer**	[ɛmmər]
barrel	**drom**	[drom]
wash basin (e.g., plastic ~)	**wasbak**	[vas·bak]
tank (100L water ~)	**tenk**	[tɛnk]
hip flask	**heupfles**	[høəp·fles]
jerrycan	**petrolblik**	[petrol·blik]
tank (e.g., tank car)	**tenk**	[tɛnk]
mug	**beker**	[bekər]
cup (of coffee, etc.)	**koppie**	[koppi]
saucer	**piering**	[piriŋ]
glass (tumbler)	**glas**	[χlas]
wine glass	**wynglas**	[vajn·χlas]
stock pot (soup pot)	**soppot**	[sop·pot]
bottle (~ of wine)	**bottel**	[bottəl]
neck (of the bottle, etc.)	**nek**	[nek]
carafe (decanter)	**kraffie**	[kraffi]
pitcher	**kruik**	[krœik]
vessel (container)	**houer**	[hæʋər]
pot (crock, stoneware ~)	**pot**	[pot]
vase	**vaas**	[fãs]
bottle (perfume ~)	**bottel**	[bottəl]
vial, small bottle	**botteltjie**	[bottɛlki]
tube (of toothpaste)	**buisie**	[bœisi]
sack (bag)	**sak**	[sak]
bag (paper ~, plastic ~)	**sak**	[sak]
pack (of cigarettes, etc.)	**pakkie**	[pakki]
box (e.g., shoebox)	**kartondoos**	[karton·doəs]
crate	**krat**	[krat]
basket	**mandjie**	[mandʒi]

HUMAN BEING

Human being. The body

24. Head

head	kop	[kop]
face	gesig	[χesəχ]
nose	neus	[nøəs]
mouth	mond	[mont]
eye	oog	[oəχ]
eyes	oë	[oɛ]
pupil	pupil	[pupil]
eyebrow	wenkbrou	[vɛnk·bræʊ]
eyelash	ooghaar	[oəχ·hār]
eyelid	ooglid	[oəχ·lit]
tongue	tong	[toŋ]
tooth	tand	[tant]
lips	lippe	[lippə]
cheekbones	wangbene	[vaŋ·benə]
gum	tandvleis	[tand·flæjs]
palate	verhemelte	[fer·hemɛltə]
nostrils	neusgate	[nøəsχatə]
chin	ken	[ken]
jaw	kakebeen	[kakebeən]
cheek	wang	[vaŋ]
forehead	voorhoof	[foərhoəf]
temple	slaap	[slāp]
ear	oor	[oər]
back of the head	agterkop	[aχtərkop]
neck	nek	[nek]
throat	keel	[keəl]
hair	haar	[hār]
hairstyle	kapsel	[kapsəl]
haircut	haarstyl	[hārstajl]
wig	pruik	[prœik]
mustache	snor	[snor]
beard	baard	[bārt]
to have (a beard, etc.)	dra	[dra]

| braid | vlegsel | [fleχsəl] |
| sideburns | bakkebaarde | [bakkəbārdə] |

red-haired (adj)	rooiharig	[roj·harəχ]
gray (hair)	grys	[χrajs]
bald (adj)	kaal	[kāl]
bald patch	kaal plek	[kāl plɛk]

| ponytail | poniestert | [poni·stert] |
| bangs | gordyntjiekapsel | [χordajnki·kapsəl] |

25. Human body

| hand | hand | [hant] |
| arm | arm | [arm] |

finger	vinger	[fiŋər]
toe	toon	[toən]
thumb	duim	[dœim]
little finger	pinkie	[pinki]
nail	nael	[naəl]

fist	vuis	[fœis]
palm	palm	[palm]
wrist	pols	[pols]
forearm	voorarm	[foərarm]
elbow	elmboog	[ɛlmboəχ]
shoulder	skouer	[skæʋər]

leg	been	[beən]
foot	voet	[fut]
knee	knie	[kni]
calf (part of leg)	kuit	[kœit]
hip	heup	[høəp]
heel	hakskeen	[hak·skeən]

body	liggaam	[liχχām]
stomach	maag	[māχ]
chest	bors	[bors]
breast	bors	[bors]
flank	sy	[saj]
back	rug	[ruχ]
lower back	lae rug	[laə ruχ]
waist	middel	[middəl]
navel (belly button)	naeltjie	[naɛlki]
buttocks	boude	[bæʋdə]
bottom	sitvlak	[sitflak]
beauty mark	moesie	[musi]
birthmark	moedervlek	[mudər·flek]
(café au lait spot)		

| tattoo | **tatoe** | [tatu] |
| scar | **litteken** | [littekən] |

Clothing & Accessories

26. Outerwear. Coats

clothes	klere	[klerə]
outerwear	oorklere	[oərklerə]
winter clothing	winterklere	[vintər·klerə]
coat (overcoat)	jas	[jas]
fur coat	pelsjas	[pelʃas]
fur jacket	kort pelsjas	[kort pelʃas]
down coat	donsjas	[donʃas]
jacket (e.g., leather ~)	baadjie	[bādʒi]
raincoat (trenchcoat, etc.)	reënjas	[rɛɛnjas]
waterproof (adj)	waterdig	[vatərdəχ]

27. Men's & women's clothing

shirt (button shirt)	hemp	[hemp]
pants	broek	[bruk]
jeans	denimbroek	[denim·bruk]
suit jacket	baadjie	[bādʒi]
suit	pak	[pak]
dress (frock)	rok	[rok]
skirt	romp	[romp]
blouse	bloes	[blus]
knitted jacket (cardigan, etc.)	gebreide baadjie	[χebræjdə bādʒi]
jacket (of woman's suit)	baadjie	[bādʒi]
T-shirt	T-hemp	[te-hemp]
shorts (short trousers)	kortbroek	[kort·bruk]
tracksuit	sweetpak	[sweet·pak]
bathrobe	badjas	[batjas]
pajamas	pajama	[pajama]
sweater	trui	[trœi]
pullover	trui	[trœi]
vest	onderbaadjie	[ondər·bādʒi]
tailcoat	swaelstertbaadjie	[swaɛlstert·bādʒi]
tuxedo	aandpak	[āntpak]

uniform	**uniform**	[uniform]
workwear	**werksklere**	[verks·klerə]
overalls	**oorpak**	[oərpak]
coat (e.g., doctor's smock)	**jas**	[jas]

28. Clothing. Underwear

underwear	**onderklere**	[ondərklerə]
boxers, briefs	**onderbroek**	[ondərbruk]
panties	**onderbroek**	[ondərbruk]
undershirt (A-shirt)	**frokkie**	[frokki]
socks	**sokkies**	[sokkis]
nightgown	**nagrok**	[naχrok]
bra	**bra**	[bra]
knee highs (knee-high socks)	**kniekouse**	[kni·kæʊsə]
pantyhose	**kousbroek**	[kæʊsbruk]
stockings (thigh highs)	**kouse**	[kæʊsə]
bathing suit	**baaikostuum**	[bāj·kostɪm]

29. Headwear

hat	**hoed**	[hut]
fedora	**hoed**	[hut]
baseball cap	**bofbalpet**	[bofbal·pet]
flatcap	**pet**	[pet]
beret	**mus**	[mus]
hood	**kap**	[kap]
panama hat	**panamahoed**	[panama·hut]
knit cap (knitted hat)	**gebreide mus**	[χebræjdə mus]
headscarf	**kopdoek**	[kopduk]
women's hat	**dameshoed**	[dames·hut]
hard hat	**veiligheidshelm**	[fæjliχæjts·hɛlm]
garrison cap	**mus**	[mus]
helmet	**helmet**	[hɛlmet]
derby	**bolhoed**	[bolhut]
top hat	**hoëhoed**	[hoɛhut]

30. Footwear

footwear	**skoeisel**	[skuisəl]
shoes (men's shoes)	**mansskoene**	[maŋs·skunə]

English	Afrikaans	Pronunciation
shoes (women's shoes)	damesskoene	[dames·skunə]
boots (e.g., cowboy ~)	laarse	[lãrsə]
slippers	pantoffels	[pantoffəls]
tennis shoes (e.g., Nike ~)	tennisskoene	[tɛnnis·skunə]
sneakers (e.g., Converse ~)	tekkies	[tɛkkis]
sandals	sandale	[sandalə]
cobbler (shoe repairer)	skoenmaker	[skun·makər]
heel	hak	[hak]
pair (of shoes)	paar	[pãr]
shoestring	skoenveter	[skun·fetər]
to lace (vt)	ryg	[rajx]
shoehorn	skoenlepel	[skun·lepəl]
shoe polish	skoenpolitoer	[skun·politur]

31. Personal accessories

English	Afrikaans	Pronunciation
gloves	handskoene	[handskunə]
mittens	duimhandskoene	[dœim·handskunə]
scarf (muffler)	serp	[serp]
glasses (eyeglasses)	bril	[bril]
frame (eyeglass ~)	raam	[rãm]
umbrella	sambreel	[sambreəl]
walking stick	wandelstok	[vandəl·stok]
hairbrush	haarborsel	[hãr·borsəl]
fan	waaier	[vãjer]
tie (necktie)	das	[das]
bow tie	strikkie	[strikki]
suspenders	kruisbande	[krœis·bandə]
handkerchief	sakdoek	[sakduk]
comb	kam	[kam]
barrette	haarspeld	[hãrs·pɛlt]
hairpin	haarpen	[hãr·pen]
buckle	gespe	[χespə]
belt	belt	[bɛlt]
shoulder strap	skouerband	[skæʋer·bant]
bag (handbag)	handsak	[hand·sak]
purse	beursie	[bøərsi]
backpack	rugsak	[ruχsak]

32. Clothing. Miscellaneous

fashion	mode	[modə]
in vogue (adj)	in die mode	[in di modə]
fashion designer	modeontwerper	[modə·ontwerpər]

collar	kraag	[krāχ]
pocket	sak	[sak]
pocket (as adj)	sak-	[sak-]
sleeve	mou	[mæʊ]
hanging loop	lussie	[lussi]
fly (on trousers)	gulp	[χulp]

zipper (fastener)	ritssluiter	[rits·slœitər]
fastener	vasmaker	[fasmakər]
button	knoop	[knoəp]
buttonhole	knoopsgat	[knoəps·χat]
to come off (ab. button)	loskom	[loskom]

to sew (vi, vt)	naai	[nāi]
to embroider (vi, vt)	borduur	[bordɪr]
embroidery	borduurwerk	[bordɪr·werk]
sewing needle	naald	[nālt]
thread	garing	[χariŋ]
seam	soom	[soəm]

to get dirty (vi)	vuil word	[fœil vort]
stain (mark, spot)	vlek	[flek]
to crease, crumple (vi)	kreukel	[krøəkəl]
to tear, to rip (vt)	skeur	[skøər]
clothes moth	mot	[mot]

33. Personal care. Cosmetics

toothpaste	tandepasta	[tandə·pasta]
toothbrush	tandeborsel	[tandə·borsəl]
to brush one's teeth	tande borsel	[tandə borsəl]

razor	skeermes	[skeər·mes]
shaving cream	skeerroom	[skeər·roəm]
to shave (vi)	skeer	[skeər]

soap	seep	[seəp]
shampoo	sjampoe	[ʃampu]

scissors	skêr	[skær]
nail file	naelvyl	[naɛl·fajl]
nail clippers	naelknipper	[naɛl·knippər]
tweezers	haartangetjie	[hārtaŋəki]

cosmetics	kosmetika	[kosmetika]
face mask	gesigmasker	[ҳesiҳ·maskər]
manicure	manikuur	[manikɪr]
to have a manicure	laat manikuur	[lãt manikɪr]
pedicure	voetbehandeling	[fut·behandeliŋ]

make-up bag	kosmetika tassie	[kosmetika tassi]
face powder	gesigpoeier	[ҳesiҳ·pujer]
powder compact	poeierdosie	[pujer·dosi]
blusher	blosser	[blossər]

perfume (bottled)	parfuum	[parfɪm]
toilet water (lotion)	reukwater	[røøk·vatər]
lotion	vloeiroom	[flui·roəm]
cologne	reukwater	[røøk·vatər]

eyeshadow	oogskadu	[oəҳ·skadu]
eyeliner	oogomlyner	[oəҳ·omlajnər]
mascara	maskara	[maskara]

lipstick	lipstiffie	[lip·stiffi]
nail polish, enamel	naellak	[naɛl·lak]
hair spray	haarsproei	[hãrs·prui]
deodorant	reukweermiddel	[røøk·veərmiddəl]

cream	room	[roəm]
face cream	gesigroom	[ҳesiҳ·roəm]
hand cream	handroom	[hand·roəm]
anti-wrinkle cream	antirimpelroom	[antirimpəl·roəm]
day cream	dagroom	[daҳ·roəm]
night cream	nagroom	[naҳ·roəm]
day (as adj)	dag-	[daҳ-]
night (as adj)	nag-	[naҳ-]

tampon	tampon	[tampon]
toilet paper (toilet roll)	toiletpapier	[tojlet·papir]
hair dryer	haardroër	[hãr·droɛr]

34. Watches. Clocks

watch (wristwatch)	polshorlosie	[pols·horlosi]
dial	wyserplaat	[vajsər·plãt]
hand (of clock, watch)	wyster	[vajstər]
metal watch band	metaal horlosiebandjie	[metãl horlosi·bandʒi]
watch strap	horlosiebandjie	[horlosi·bandʒi]

battery	battery	[battəraj]
to be dead (battery)	pap wees	[pap veəs]
to run fast	voorloop	[foərloəp]
to run slow	agterloop	[aҳtərloəp]

wall clock	muurhorlosie	[mɪr·horlosi]
hourglass	uurglas	[ɪr·χlas]
sundial	sonwyser	[son·wajsər]
alarm clock	wekker	[vɛkkər]
watchmaker	horlosiemaker	[horlosi·makər]
to repair (vt)	herstel	[herstəl]

Food. Nutricion

35. Food

meat	vleis	[flæjs]
chicken	hoender	[hundər]
Rock Cornish hen (poussin)	braaikuiken	[brāj·kœiken]
duck	eend	[eent]
goose	gans	[χaŋs]
game	wild	[vilt]
turkey	kalkoen	[kalkun]
pork	varkvleis	[fark·flæjs]
veal	kalfsvleis	[kalfs·flæjs]
lamb	lamsvleis	[lams·flæjs]
beef	beesvleis	[beəs·flæjs]
rabbit	konynvleis	[konajn·flæjs]
sausage (bologna, pepperoni, etc.)	wors	[vors]
vienna sausage (frankfurter)	Weense worsie	[veɛŋsə vorsi]
bacon	spek	[spek]
ham	ham	[ham]
gammon	gerookte ham	[χeroəktə ham]
pâté	patee	[pateə]
liver	lewer	[levər]
hamburger (ground beef)	maalvleis	[māl·flæjs]
tongue	tong	[toŋ]
egg	eier	[æjer]
eggs	eiers	[æjers]
egg white	eierwit	[æjer·wit]
egg yolk	dooier	[dojer]
fish	vis	[fis]
seafood	seekos	[seə·kos]
crustaceans	skaaldiere	[skāldirə]
caviar	kaviaar	[kafiār]
crab	krab	[krap]
shrimp	garnaal	[χarnāl]
oyster	oester	[ustər]
spiny lobster	seekreef	[seə·kreəf]

English	Afrikaans	IPA
octopus	seekat	[seə·kat]
squid	pylinkvis	[pajl·inkfis]
sturgeon	steur	[støər]
salmon	salm	[salm]
halibut	heilbot	[hæjlbot]
cod	kabeljou	[kabeljæʊ]
mackerel	makriel	[makril]
tuna	tuna	[tuna]
eel	paling	[paliŋ]
trout	forel	[forəl]
sardine	sardyn	[sardajn]
pike	varswatersnoek	[farswatər·snuk]
herring	haring	[hariŋ]
bread	brood	[broət]
cheese	kaas	[kãs]
sugar	suiker	[sœikər]
salt	sout	[sæʊt]
rice	rys	[rajs]
pasta (macaroni)	pasta	[pasta]
noodles	noedels	[nudɛls]
butter	botter	[bottər]
vegetable oil	plantaardige olie	[plantãrdiχə oli]
sunflower oil	sonblomolie	[sonblom·oli]
margarine	margarien	[marχarin]
olives	olywe	[olajvə]
olive oil	olyfolie	[olajf·oli]
milk	melk	[mɛlk]
condensed milk	kondensmelk	[kondɛŋs·mɛlk]
yogurt	jogurt	[joχurt]
sour cream	suurroom	[sɪr·roəm]
cream (of milk)	room	[roəm]
mayonnaise	mayonnaise	[majonɛs]
buttercream	crème	[krɛm]
cereal grains (wheat, etc.)	ontbytgraan	[ontbajt·χrãn]
flour	meelblom	[meəl·blom]
canned food	blikkieskos	[blikkis·kos]
cornflakes	mielievlokkies	[mili·flokkis]
honey	heuning	[høəniŋ]
jam	konfyt	[konfajt]
chewing gum	kougom	[kæʊχom]

36. Drinks

water	water	[vatər]
drinking water	drinkwater	[drink·vatər]
mineral water	mineraalwater	[minerăl·vatər]
still (adj)	sonder gas	[sondər χas]
carbonated (adj)	soda-	[soda-]
sparkling (adj)	bruis-	[brœis-]
ice	ys	[ajs]
with ice	met ys	[met ajs]
non-alcoholic (adj)	nie-alkoholies	[ni-alkoholis]
soft drink	koeldrank	[kul·drank]
refreshing drink	verfrissende drank	[ferfrissendə drank]
lemonade	limonade	[limonadə]
liquors	likeure	[likøərə]
wine	wyn	[vajn]
white wine	witwyn	[vit·vajn]
red wine	rooiwyn	[roj·vajn]
liqueur	likeur	[likøər]
champagne	sjampanje	[ʃampanje]
vermouth	vermoet	[fermut]
whiskey	whisky	[vhiskaj]
vodka	vodka	[fodka]
gin	jenever	[jenefər]
cognac	brandewyn	[brandə·vajn]
rum	rum	[rum]
coffee	koffie	[koffi]
black coffee	swart koffie	[swart koffi]
coffee with milk	koffie met melk	[koffi met melk]
cappuccino	capuccino	[kaputʃino]
instant coffee	poeierkoffie	[pujer·koffi]
milk	melk	[melk]
cocktail	mengeldrankie	[menχəl·dranki]
milkshake	melkskommel	[melk·skommel]
juice	sap	[sap]
tomato juice	tamatiesap	[tamati·sap]
orange juice	lemoensap	[lemoən·sap]
freshly squeezed juice	vars geparste sap	[fars χeparstə sap]
beer	bier	[bir]
light beer	ligte bier	[liχtə bir]
dark beer	donker bier	[donkər bir]
tea	tee	[teə]

| black tea | swart tee | [swart teə] |
| green tea | groen tee | [χrun teə] |

37. Vegetables

| vegetables | groente | [χruntə] |
| greens | groente | [χruntə] |

tomato	tamatie	[tamati]
cucumber	komkommer	[komkommər]
carrot	wortel	[vortəl]
potato	aartappel	[ārtappəl]
onion	ui	[œi]
garlic	knoffel	[knoffəl]

cabbage	kool	[koəl]
cauliflower	blomkool	[blom·koəl]
Brussels sprouts	Brusselspruite	[brussɛl·sprœitə]
broccoli	broccoli	[brokoli]

beetroot	beet	[beət]
eggplant	eiervrug	[æjerfruχ]
zucchini	vingerskorsie	[fiŋər·skorsi]
pumpkin	pampoen	[pampun]
turnip	raap	[rāp]

parsley	pietersielie	[pitərsili]
dill	dille	[dillə]
lettuce	slaai	[slāi]
celery	seldery	[selderaj]
asparagus	aspersie	[aspersi]
spinach	spinasie	[spinasi]

pea	ertjie	[ɛrki]
beans	boontjies	[boənkis]
corn (maize)	mielie	[mili]
kidney bean	nierboontjie	[nir·boənki]

bell pepper	paprika	[paprika]
radish	radys	[radajs]
artichoke	artisjok	[artiʃok]

38. Fruits. Nuts

fruit	vrugte	[fruχtə]
apple	appel	[appəl]
pear	peer	[peər]
lemon	suurlemoen	[sɪr·lemun]

| orange | lemoen | [lemun] |
| strawberry (garden ~) | aarbei | [ārbæj] |

mandarin	nartjie	[narki]
plum	pruim	[prœim]
peach	perske	[perskə]
apricot	appelkoos	[appɛlkoəs]
raspberry	framboos	[framboəs]
pineapple	pynappel	[pajnappəl]

banana	piesang	[pisaŋ]
watermelon	waatlemoen	[vātlemun]
grape	druif	[drœif]
cherry	kersie	[kersi]
sour cherry	suurkersie	[sɪr·kersi]
sweet cherry	soetkersie	[sut·kersi]
melon	spanspek	[spaŋspek]

grapefruit	pomelo	[pomelo]
avocado	avokado	[afokado]
papaya	papaja	[papaja]
mango	mango	[manχo]
pomegranate	granaat	[χranāt]

redcurrant	rooi aalbessie	[roj ālbɛssi]
blackcurrant	swartbessie	[swartbɛssi]
gooseberry	appelliefie	[appɛllifi]
bilberry	bosbessie	[bosbɛssi]
blackberry	braambessie	[brāmbɛssi]

raisin	rosyntjie	[rosajnki]
fig	vy	[faj]
date	dadel	[dadəl]

peanut	grondboontjie	[χront·boənki]
almond	amandel	[amandəl]
walnut	okkerneut	[okkər·nøət]
hazelnut	haselneut	[hasɛl·nøət]
coconut	klapper	[klappər]
pistachios	pistachio	[pistatʃio]

39. Bread. Candy

bakers' confectionery (pastry)	soet gebak	[sut χebak]
bread	brood	[broət]
cookies	koekies	[kukis]

| chocolate (n) | sjokolade | [ʃokoladə] |
| chocolate (as adj) | sjokolade | [ʃokoladə] |

candy (wrapped)	lekkers	[lɛkkərs]
cake (e.g., cupcake)	koek	[kuk]
cake (e.g., birthday ~)	koek	[kuk]
pie (e.g., apple ~)	pastei	[pastæj]
filling (for cake, pie)	vulsel	[fulsəl]
jam (whole fruit jam)	konfyt	[konfajt]
marmalade	marmelade	[marmeladə]
waffles	wafels	[vafɛls]
ice-cream	roomys	[roəm·ajs]
pudding	poeding	[pudiŋ]

40. Cooked dishes

course, dish	gereg	[χerəχ]
cuisine	kookkuns	[koək·kuns]
recipe	resep	[resep]
portion	porsie	[porsi]
salad	slaai	[slãi]
soup	sop	[sop]
clear soup (broth)	helder sop	[hɛldər sop]
sandwich (bread)	toebroodjie	[tubroədʒi]
fried eggs	gabakte eiers	[χabaktə æjers]
hamburger (beefburger)	hamburger	[hamburχer]
beefsteak	biefstuk	[bifstuk]
side dish	sygereg	[saj·χerəχ]
spaghetti	spaghetti	[spaχɛtti]
mashed potatoes	kapokaartappels	[kapok·ãrtappəls]
pizza	pizza	[pizza]
porridge (oatmeal, etc.)	pap	[pap]
omelet	omelet	[oməlet]
boiled (e.g., ~ beef)	gekook	[χekoək]
smoked (adj)	gerook	[χeroək]
fried (adj)	gebak	[χebak]
dried (adj)	gedroog	[χedroəχ]
frozen (adj)	gevries	[χefris]
pickled (adj)	gepiekel	[χepikəl]
sweet (sugary)	soet	[sut]
salty (adj)	sout	[sæʊt]
cold (adj)	koud	[kæʊt]
hot (adj)	warm	[varm]
bitter (adj)	bitter	[bittər]
tasty (adj)	smaaklik	[smãklik]

to cook in boiling water	kook in water	[koək in vatər]
to cook (dinner)	kook	[koək]
to fry (vt)	braai	[braj]
to heat up (food)	opwarm	[opwarm]

to salt (vt)	sout	[sæʊt]
to pepper (vt)	peper	[pepər]
to grate (vt)	rasp	[rasp]
peel (n)	skil	[skil]
to peel (vt)	skil	[skil]

41. Spices

salt	sout	[sæʊt]
salty (adj)	sout	[sæʊt]
to salt (vt)	sout	[sæʊt]

black pepper	swart peper	[swart pepər]
red pepper (milled ~)	rooi peper	[roj pepər]
mustard	mosterd	[mostert]
horseradish	peperwortel	[pepər·wortəl]

condiment	smaakmiddel	[smāk·middəl]
spice	spesery	[spesəraj]
sauce	sous	[sæʊs]
vinegar	asyn	[asajn]

anise	anys	[anajs]
basil	basilikum	[basilikum]
cloves	naeltjies	[nɛlkis]
ginger	gemmer	[χɛmmər]
coriander	koljander	[koljandər]
cinnamon	kaneel	[kaneəl]

sesame	sesamsaad	[sesam·sāt]
bay leaf	lourierblaar	[læʊrir·blār]
paprika	paprika	[paprika]
caraway	komynsaad	[komajnsāt]
saffron	saffraan	[saffrān]

42. Meals

| food | kos | [kos] |
| to eat (vi, vt) | eet | [eət] |

breakfast	ontbyt	[ontbajt]
to have breakfast	ontbyt	[ontbajt]
lunch	middagete	[middaχ·etə]

to have lunch	gaan eet	[χān eət]
dinner	aandete	[āndetə]
to have dinner	aandete gebruik	[āndetə χebrœik]
appetite	aptyt	[aptajt]
Enjoy your meal!	Smaaklike ete!	[smāklikə etə!]
to open (~ a bottle)	oopmaak	[oəpmāk]
to spill (liquid)	mors	[mors]
to spill out (vi)	mors	[mors]
to boil (vi)	kook	[koək]
to boil (vt)	kook	[koək]
boiled (~ water)	gekook	[χekoək]
to chill, cool down (vt)	laat afkoel	[lāt afkul]
to chill (vi)	afkoel	[afkul]
taste, flavor	smaak	[smāk]
aftertaste	nasmaak	[nasmāk]
to slim down (lose weight)	vermaer	[fermaər]
diet	dieet	[diət]
vitamin	vitamien	[fitamin]
calorie	kalorie	[kalori]
vegetarian (n)	vegetariër	[feχetariɛr]
vegetarian (adj)	vegetaries	[feχetaris]
fats (nutrient)	vette	[fɛttə]
proteins	proteïen	[proteïen]
carbohydrates	koolhidrate	[koəlhidratə]
slice (of lemon, ham)	snytjie	[snajki]
piece (of cake, pie)	stuk	[stuk]
crumb (of bread, cake, etc.)	krummel	[krumməl]

43. Table setting

spoon	lepel	[lepəl]
knife	mes	[mes]
fork	vurk	[furk]
cup (e.g., coffee ~)	koppie	[koppi]
plate (dinner ~)	bord	[bort]
saucer	piering	[piriŋ]
napkin (on table)	servet	[serfət]
toothpick	tandestokkie	[tandə·stokki]

44. Restaurant

restaurant	**restaurant**	[restɔurant]
coffee house	**koffiekroeg**	[koffi·kruχ]
pub, bar	**kroeg**	[kruχ]
tearoom	**teekamer**	[teə·kamər]
waiter	**kelner**	[kɛlnər]
waitress	**kelnerin**	[kɛlnərin]
bartender	**kroegman**	[kruχman]
menu	**spyskaart**	[spajs·kãrt]
wine list	**wyn**	[vajn]
to book a table	**wynkaart**	[vajn·kãrt]
course, dish	**gereg**	[χerəχ]
to order (meal)	**bestel**	[bestəl]
to make an order	**bestel**	[bestəl]
aperitif	**drankie**	[dranki]
appetizer	**voorgereg**	[foərχerəχ]
dessert	**nagereg**	[naχerəχ]
check	**rekening**	[rekəniŋ]
to pay the check	**die rekening betaal**	[di rekeniŋ betãl]
to give change	**kleingeld gee**	[klæjn·χɛlt χeə]
tip	**fooitjie**	[fojki]

Family, relatives and friends

45. Personal information. Forms

name (first name)	voornaam	[foərnãm]
surname (last name)	van	[fan]
date of birth	geboortedatum	[χeboərtə·datum]
place of birth	geboorteplek	[χeboərtə·plek]
nationality	nasionaliteit	[naʃionalitæjt]
place of residence	woonplek	[voən·plek]
country	land	[lant]
profession (occupation)	beroep	[berup]
gender, sex	geslag	[χeslaχ]
height	lengte	[leŋtə]
weight	gewig	[χevəχ]

46. Family members. Relatives

mother	moeder	[mudər]
father	vader	[fadər]
son	seun	[søən]
daughter	dogter	[doχtər]
younger daughter	jonger dogter	[joŋer doχtər]
younger son	jonger seun	[joŋer søən]
eldest daughter	oudste dogter	[æudstə doχtər]
eldest son	oudste seun	[æudstə søən]
brother	broer	[brur]
elder brother	ouer broer	[æuer brur]
younger brother	jonger broer	[joŋer brur]
sister	suster	[sustər]
elder sister	ouer suster	[æuer sustər]
younger sister	jonger suster	[joŋer sustər]
cousin (masc.)	neef	[neəf]
cousin (fem.)	neef	[neəf]
mom, mommy	ma	[ma]
dad, daddy	pa	[pa]
parents	ouers	[æuers]
child	kind	[kint]

children	kinders	[kindərs]
grandmother	ouma	[æʊma]
grandfather	oupa	[æʊpa]
grandson	kleinseun	[klæjn·søən]
granddaughter	kleindogter	[klæjn·doχtər]
grandchildren	kleinkinders	[klæjn·kindərs]
uncle	oom	[oəm]
aunt	tante	[tantə]
nephew	neef	[neəf]
niece	nig	[niχ]
mother-in-law (wife's mother)	skoonma	[skoən·ma]
father-in-law (husband's father)	skoonpa	[skoən·pa]
son-in-law (daughter's husband)	skoonseun	[skoən·søən]
stepmother	stiefma	[stifma]
stepfather	stiefpa	[stifpa]
infant	baba	[baba]
baby (infant)	baba	[baba]
little boy, kid	seuntjie	[søənki]
wife	vrou	[fræʊ]
husband	man	[man]
spouse (husband)	eggenoot	[ɛχχenoət]
spouse (wife)	eggenote	[ɛχχenotə]
married (masc.)	getroud	[χetræʊt]
married (fem.)	getroud	[χetræʊt]
single (unmarried)	ongetroud	[onχətræʊt]
bachelor	vrygesel	[frajχesəl]
divorced (masc.)	geskei	[χeskæj]
widow	weduwee	[veduveə]
widower	wedunaar	[vedunãr]
relative	familielid	[famililit]
close relative	na familie	[na famili]
distant relative	ver familie	[fer famili]
relatives	familielede	[famililedə]
orphan (boy or girl)	weeskind	[veəskint]
guardian (of a minor)	voog	[foəχ]
to adopt (a boy)	aanneem	[ãnneəm]
to adopt (a girl)	aanneem	[ãnneəm]

Medicine

47. Diseases

sickness	siekte	[siktə]
to be sick	siek wees	[sik veəs]
health	gesondheid	[xesonthæjt]

runny nose (coryza)	loopneus	[loəpnøes]
tonsillitis	keelontsteking	[keəl·ontstekiŋ]
cold (illness)	verkoue	[ferkæʋə]

bronchitis	bronchitis	[bronχitis]
pneumonia	longontsteking	[loŋ·ontstekiŋ]
flu, influenza	griep	[χrip]

nearsighted (adj)	bysiende	[bajsində]
farsighted (adj)	versiende	[fersində]
strabismus (crossed eyes)	skeelheid	[skeəlhæjt]
cross-eyed (adj)	skeel	[skeəl]
cataract	katarak	[katarak]
glaucoma	gloukoom	[χlæʋkoəm]

stroke	beroerte	[berurtə]
heart attack	hartaanval	[hart·ānfal]
myocardial infarction	hartinfark	[hart·infark]
paralysis	verlamming	[ferlammiŋ]
to paralyze (vt)	verlam	[ferlam]

allergy	allergie	[allerχi]
asthma	asma	[asma]
diabetes	suikersiekte	[sœikər·siktə]

toothache	tandpyn	[tand·pajn]
caries	tandbederf	[tand·bederf]

diarrhea	diarree	[diarreə]
constipation	hardlywigheid	[hardlajviχæjt]
stomach upset	maagongesteldheid	[māχ·oŋəstɛldhæjt]
food poisoning	voedselvergiftiging	[fudsəl·ferχiftəχiŋ]
to get food poisoning	voedselvergiftiging kry	[fudsəl·ferχiftəχiŋ kraj]

arthritis	artritis	[artritis]
rickets	Engelse siekte	[ɛŋəlsə siktə]
rheumatism	reumatiek	[røəmatik]
atherosclerosis	artrosklerose	[artrosklerosə]

gastritis	maagontsteking	[māχ·ontstekiŋ]
appendicitis	blindedermontsteking	[blindederm·ontstekiŋ]
cholecystitis	galblaasontsteking	[χalblās·ontstekiŋ]
ulcer	maagsweer	[māχsweer]
measles	masels	[masɛls]
rubella (German measles)	Duitse masels	[dœitsə masɛls]
jaundice	geelsug	[χeelsuχ]
hepatitis	hepatitis	[hepatitis]
schizophrenia	skisofrenie	[skisofreni]
rabies (hydrophobia)	hondsdolheid	[hondsdolhæjt]
neurosis	neurose	[nøərosə]
concussion	harsingskudding	[harsiŋ·skuddiŋ]
cancer	kanker	[kankər]
sclerosis	sklerose	[sklerosə]
multiple sclerosis	veelvuldige sklerose	[feəlfuldiχə sklerosə]
alcoholism	alkoholisme	[alkoholismə]
alcoholic (n)	alkoholikus	[alkoholikus]
syphilis	sifilis	[sifilis]
AIDS	VIGS	[vigs]
tumor	tumor	[tumor]
malignant (adj)	kwaadaardig	[kwādārdəχ]
benign (adj)	goedaardig	[χudārdəχ]
fever	koors	[koərs]
malaria	malaria	[malaria]
gangrene	gangreen	[χanχreen]
seasickness	seesiekte	[seə·siktə]
epilepsy	epilepsie	[ɛpilepsi]
epidemic	epidemie	[ɛpidemi]
typhus	tifus	[tifus]
tuberculosis	tuberkulose	[tuberkulosə]
cholera	cholera	[χolera]
plague (bubonic ~)	pes	[pes]

48. Symptoms. Treatments. Part 1

symptom	simptoom	[simptoəm]
temperature	temperatuur	[temperatrr]
high temperature (fever)	koors	[koərs]
pulse	polsslag	[pols·slaχ]
dizziness (vertigo)	duiseligheid	[dœiseliχæjt]
hot (adj)	warm	[varm]
shivering	koue rillings	[kæʊə rilliŋs]

pale (e.g., ~ face)	bleek	[bleək]
cough	hoes	[hus]
to cough (vi)	hoes	[hus]
to sneeze (vi)	nies	[nis]
faint	floute	[flæʊtə]
to faint (vi)	flou word	[flæʊ vɔrt]
bruise (hématome)	blou kol	[blæʊ kɔl]
bump (lump)	knop	[knɔp]
to bang (bump)	stamp	[stamp]
contusion (bruise)	besering	[beseriŋ]
to limp (vi)	hink	[hink]
dislocation	ontwrigting	[ɔntwriχtiŋ]
to dislocate (vt)	ontwrig	[ɔntwrəχ]
fracture	breuk	[brøək]
to have a fracture	n breuk hê	[n brøək hɛ:]
cut (e.g., paper ~)	sny	[snaj]
to cut oneself	jouself sny	[jæʊsɛlf snaj]
bleeding	bloeding	[bludiŋ]
burn (injury)	brandwond	[brant·vɔnt]
to get burned	jouself brand	[jæʊsɛlf brant]
to prick (vt)	prik	[prik]
to prick oneself	jouself prik	[jæʊsɛlf prik]
to injure (vt)	seermaak	[seərmāk]
injury	besering	[beseriŋ]
wound	wond	[vɔnt]
trauma	trauma	[trɔuma]
to be delirious	yl	[ajl]
to stutter (vi)	stotter	[stɔttər]
sunstroke	sonsteek	[sɔŋ·steək]

49. Symptoms. Treatments. Part 2

pain, ache	pyn	[pajn]
splinter (in foot, etc.)	splinter	[splintər]
sweat (perspiration)	sweet	[sweət]
to sweat (perspire)	sweet	[sweət]
vomiting	braak	[brāk]
convulsions	stuiptrekkings	[stœip·trɛkkiŋs]
pregnant (adj)	swanger	[swaŋər]
to be born	gebore word	[χebɔrə vɔrt]
delivery, labor	geboorte	[χebɔərtə]
to deliver (~ a baby)	baar	[bār]

abortion	aborsie	[aborsi]
breathing, respiration	asemhaling	[asemhaliŋ]
in-breath (inhalation)	inaseming	[inasemiŋ]
out-breath (exhalation)	uitaseming	[œitasemiŋ]
to exhale (breathe out)	uitasem	[œitasem]
to inhale (vi)	inasem	[inasem]

disabled person	invalide	[infalidə]
cripple	kreupel	[krøəpəl]
drug addict	dwelmslaaf	[dwɛlm·slāf]

deaf (adj)	doof	[doəf]
mute (adj)	stom	[stom]
deaf mute (adj)	doofstom	[doəf·stom]

mad, insane (adj)	swaksinnig	[swaksinnəχ]
madman (demented person)	kranksinnige	[kranksinniχə]
madwoman	kranksinnige	[kranksinniχə]
to go insane	kranksinnig word	[kranksinnəχ vort]

gene	geen	[χeən]
immunity	immuniteit	[immunitæjt]
hereditary (adj)	erflik	[ɛrflik]
congenital (adj)	aangebore	[ānχəborə]

virus	virus	[firus]
microbe	mikrobe	[mikrobə]
bacterium	bakterie	[bakteri]
infection	infeksie	[infeksi]

50. Symptoms. Treatments. Part 3

| hospital | hospitaal | [hospitāl] |
| patient | pasiënt | [pasiɛnt] |

diagnosis	diagnose	[diaχnosə]
cure	genesing	[χenesiŋ]
medical treatment	mediese behandeling	[medisə behandəliŋ]
to get treatment	behandeling kry	[behandəliŋ kraj]
to treat (~ a patient)	behandel	[behandəl]
to nurse (look after)	versorg	[fersorχ]
care (nursing ~)	versorging	[fersorχiŋ]

operation, surgery	operasie	[operasi]
to bandage (head, limb)	verbind	[ferbint]
bandaging	verband	[ferbant]

| vaccination | inenting | [inɛntiŋ] |
| to vaccinate (vt) | inent | [inɛnt] |

injection, shot	**inspuiting**	[inspœitiŋ]
attack	**aanval**	[ãnfal]
amputation	**amputasie**	[amputasi]
to amputate (vt)	**amputeer**	[amputeǝr]
coma	**koma**	[koma]
intensive care	**intensiewe sorg**	[intɛnsivǝ sorχ]
to recover (~ from flu)	**herstel**	[herstǝl]
condition (patient's ~)	**kondisie**	[kondisi]
consciousness	**bewussyn**	[bǝvussajn]
memory (faculty)	**geheue**	[χǝhøǝ]
to pull out (tooth)	**trek**	[trek]
filling	**vulsel**	[fulsǝl]
to fill (a tooth)	**vul**	[ful]
hypnosis	**hipnose**	[hipnosǝ]
to hypnotize (vt)	**hipnotiseer**	[hipnotiseǝr]

51. Doctors

doctor	**dokter**	[doktǝr]
nurse	**verpleegster**	[ferpleǝχ·stǝr]
personal doctor	**lyfarts**	[lajf·arts]
dentist	**tandarts**	[tand·arts]
eye doctor	**oogarts**	[oǝχ·arts]
internist	**internis**	[internis]
surgeon	**chirurg**	[ʃirurχ]
psychiatrist	**psigiater**	[psiχiatǝr]
pediatrician	**kinderdokter**	[kindǝr·doktǝr]
psychologist	**sielkundige**	[silkundiχǝ]
gynecologist	**ginekoloog**	[χinekoloǝχ]
cardiologist	**kardioloog**	[kardioloǝχ]

52. Medicine. Drugs. Accessories

medicine, drug	**medisyn**	[medisajn]
remedy	**geneesmiddel**	[χeneǝs·middǝl]
to prescribe (vt)	**voorskryf**	[foǝrskrajf]
prescription	**voorskrif**	[foǝrskrif]
tablet, pill	**pil**	[pil]
ointment	**salf**	[salf]
ampule	**ampul**	[ampul]
mixture	**mengsel**	[meŋsǝl]
syrup	**stroop**	[stroǝp]

pill	**pil**	[pil]
powder	**poeier**	[pujer]
gauze bandage	**verband**	[ferbant]
cotton wool	**watte**	[vattə]
iodine	**iodium**	[iodium]
Band-Aid	**pleister**	[plæjstər]
eyedropper	**oogdrupper**	[oəχ·druppər]
thermometer	**termometer**	[termometər]
syringe	**spuitnaald**	[spœit·nãlt]
wheelchair	**rolstoel**	[rol·stul]
crutches	**krukke**	[krukkə]
painkiller	**pynstiller**	[pajn·stillər]
laxative	**lakseermiddel**	[lakseer·middəl]
spirits (ethanol)	**spiritus**	[spiritus]
medicinal herbs	**geneeskragtige kruie**	[χeneəs·kraχtiχə krœiə]
herbal (~ tea)	**kruie-**	[krœie-]

HUMAN HABITAT

City

53. City. Life in the city

English	Afrikaans	IPA
city, town	stad	[stat]
capital city	hoofstad	[hoəf·stat]
village	dorp	[dorp]
city map	stadskaart	[stats·kārt]
downtown	sentrum	[sentrum]
suburb	voorstad	[foərstat]
suburban (adj)	voorstedelik	[foərstedelik]
outskirts	buitewyke	[bœitəvajkə]
environs (suburbs)	omgewing	[omχeviŋ]
city block	stadswyk	[stats·wajk]
residential block (area)	woonbuurt	[voənbɪrt]
traffic	verkeer	[ferkeər]
traffic lights	robot	[robot]
public transportation	openbare vervoer	[openbarə ferfur]
intersection	kruispunt	[krœis·punt]
crosswalk	sebraoorgang	[sebra·oərχaŋ]
pedestrian underpass	voetgangertonnel	[futχaŋər·tonnəl]
to cross (~ the street)	oorsteek	[oərsteək]
pedestrian	voetganger	[futχaŋər]
sidewalk	sypaadjie	[saj·pādʒi]
bridge	brug	[bruχ]
embankment (river walk)	wal	[val]
fountain	fontein	[fontæjn]
allée (garden walkway)	laning	[laniŋ]
park	park	[park]
boulevard	boulevard	[bulefar]
square	plein	[plæjn]
avenue (wide street)	laan	[lān]
street	straat	[strāt]
side street	systraat	[saj·strāt]
dead end	doodloopstraat	[doədloəp·strāt]
house	huis	[hœis]
building	gebou	[χebæʊ]

skyscraper	wolkekrabber	[volkə·krabbər]
facade	gewel	[χevəl]
roof	dak	[dak]
window	venster	[fɛŋstər]
arch	arkade	[arkadə]
column	kolom	[kolom]
corner	hoek	[huk]
store window	uitstalraam	[œitstalrām]
signboard (store sign, etc.)	reklamebord	[reklamə·bort]
poster	plakkaat	[plakkāt]
advertising poster	reklameplakkaat	[reklamə·plakkāt]
billboard	aanplakbord	[ānplakbort]
garbage, trash	vullis	[fullis]
trashcan (public ~)	vullisbak	[fullis·bak]
to litter (vi)	rommel strooi	[rommǝl stroj]
garbage dump	vullishoop	[fullis·hoəp]
phone booth	telefoonhokkie	[telefoən·hokki]
lamppost	lamppaal	[lamp·pāl]
bench (park ~)	bank	[bank]
police officer	polisieman	[polisi·man]
police	polisie	[polisi]
beggar	bedelaar	[bedelār]
homeless (n)	daklose	[daklosə]

54. Urban institutions

store	winkel	[vinkəl]
drugstore, pharmacy	apteek	[apteek]
eyeglass store	optisiën	[optisiɛn]
shopping mall	winkelsentrum	[vinkəl·sentrum]
supermarket	supermark	[supermark]
bakery	bakkery	[bakkeraj]
baker	bakker	[bakkər]
pastry shop	banketbakkery	[banket·bakkeraj]
grocery store	kruidenierswinkel	[krœidenirs·vinkəl]
butcher shop	slagter	[slaχtər]
produce store	groentewinkel	[χruntə·vinkəl]
market	mark	[mark]
coffee house	koffiekroeg	[koffi·kruχ]
restaurant	restaurant	[restɔurant]
pub, bar	kroeg	[kruχ]
pizzeria	pizzeria	[pizzeria]
hair salon	haarsalon	[hār·salon]

English	Afrikaans	Pronunciation
post office	poskantoor	[pos·kantoər]
dry cleaners	droogskoonmakers	[droeχ·skoen·makers]
photo studio	fotostudio	[foto·studio]
shoe store	skoenwinkel	[skun·vinkəl]
bookstore	boekhandel	[buk·handəl]
sporting goods store	sportwinkel	[sport·vinkəl]
clothes repair shop	klereherstelwinkel	[klerə·herstəl·vinkəl]
formal wear rental	klereverhuurwinkel	[klerə·fərhɪr·vinkəl]
video rental store	videowinkel	[video·vinkəl]
circus	sirkus	[sirkus]
zoo	dieretuin	[dirə·tœin]
movie theater	bioskoop	[bioskoəp]
museum	museum	[musøəm]
library	biblioteek	[biblioteək]
theater	teater	[teatər]
opera (opera house)	opera	[opera]
nightclub	nagklub	[naχ·klup]
casino	kasino	[kasino]
mosque	moskee	[moskeə]
synagogue	sinagoge	[sinaχoχə]
cathedral	katedraal	[katedrãl]
temple	tempel	[tempəl]
church	kerk	[kerk]
college	kollege	[kolledʒ]
university	universiteit	[unifersitæjt]
school	skool	[skoəl]
prefecture	stadhuis	[stat·hœis]
city hall	stadhuis	[stat·hœis]
hotel	hotel	[hotəl]
bank	bank	[bank]
embassy	ambassade	[ambassadə]
travel agency	reisagentskap	[ræjs·aχentskap]
information office	inligtingskantoor	[inliχtiŋs·kantoər]
currency exchange	wisselkantoor	[vissəl·kantoər]
subway	metro	[metro]
hospital	hospitaal	[hospitãl]
gas station	petrolstasie	[petrol·stasi]
parking lot	parkeerterrein	[parkeər·terræjn]

55. Signs

signboard (store sign, etc.)	reklamebord	[reklamə·bort]
notice (door sign, etc.)	kennisgewing	[kɛnnis·xeviŋ]
poster	plakkaat	[plakkāt]
direction sign	rigtingwyser	[rixtiŋ·wajsər]
arrow (sign)	pyl	[pajl]
caution	waarskuwing	[vārskuviŋ]
warning sign	waarskuwingsbord	[vārskuviŋs·bort]
to warn (vt)	waarsku	[vārsku]
rest day (weekly ~)	rusdag	[rusdax]
timetable (schedule)	diensrooster	[diŋs·roəstər]
opening hours	besigheidsure	[besixæjts·urə]
WELCOME!	WELKOM!	[vɛlkom!]
ENTRANCE	INGANG	[inxaŋ]
EXIT	UITGANG	[œitxaŋ]
PUSH	STOOT	[stoət]
PULL	TREK	[trek]
OPEN	OOP	[oəp]
CLOSED	GESLUIT	[xeslœit]
WOMEN	DAMES	[dames]
MEN	MANS	[maŋs]
DISCOUNTS	AFSLAG	[afslax]
SALE	UITVERKOPING	[œitferkopiŋ]
NEW!	NUUT!	[nɪt!]
FREE	GRATIS	[xratis]
ATTENTION!	PAS OP!	[pas op!]
NO VACANCIES	VOLBESPREEK	[folbespreək]
RESERVED	BESPREEK	[bespreək]
ADMINISTRATION	ADMINISTRASIE	[administrasi]
STAFF ONLY	SLEGS PERSONEEL	[slexs personeəl]
BEWARE OF THE DOG!	PAS OP VIR DIE HOND!	[pas op fir di hont!]
NO SMOKING	ROOK VERBODE	[roək ferbodə]
DO NOT TOUCH!	NIE AANRAAK NIE!	[ni ānrāk ni!]
DANGEROUS	GEVAARLIK	[xefārlik]
DANGER	GEVAAR	[xefār]
HIGH VOLTAGE	HOOGSPANNING	[hoəx·spanniŋ]
NO SWIMMING!	NIE SWEM NIE	[ni swem ni]
OUT OF ORDER	BUITE WERKING	[bœitə verkiŋ]
FLAMMABLE	ONTVLAMBAAR	[ontflambār]
FORBIDDEN	VERBODE	[ferbodə]

NO TRESPASSING! TOEGANG VERBODE! [tuχaŋ ferbode!]
WET PAINT NAT VERF [nat ferf]

56. Urban transportation

bus	bus	[bus]
streetcar	trem	[trem]
trolley bus	trembus	[trembus]
route (of bus, etc.)	busroete	[bus·rutə]
number (e.g., bus ~)	nommer	[nommər]
to go by ...	ry per ...	[raj pər ...]
to get on (~ the bus)	inklim	[inklim]
to get off ...	uitklim ...	[œitklim ...]
stop (e.g., bus ~)	halte	[haltə]
next stop	volgende halte	[folχendə haltə]
terminus	eindpunt	[æjnd·punt]
schedule	diensrooster	[diŋs·roəstər]
to wait (vt)	wag	[vaχ]
ticket	kaartjie	[kãrki]
fare	reistarief	[ræjs·tarif]
cashier (ticket seller)	kaartjieverkoper	[kãrki·ferkopər]
ticket inspection	kaartjiekontrole	[kãrki·kontrolə]
ticket inspector	kontroleur	[kontroløər]
to be late (for ...)	laat wees	[lãt veəs]
to miss (~ the train, etc.)	mis	[mis]
to be in a hurry	haastig wees	[hãstəχ veəs]
taxi, cab	taxi	[taksi]
taxi driver	taxibestuurder	[taksi·bestɪrdər]
by taxi	per taxi	[pər taksi]
taxi stand	taxistaanplek	[taksi·stãnplek]
traffic	verkeer	[ferkeər]
traffic jam	verkeersknoop	[ferkeərs·knoəp]
rush hour	spitsuur	[spits·ɪr]
to park (vi)	parkeer	[parkeər]
to park (vt)	parkeer	[parkeər]
parking lot	parkeerterrein	[parkeər·terræjn]
subway	metro	[metro]
station	stasie	[stasi]
to take the subway	die metro vat	[di metro fat]
train	trein	[træjn]
train station	treinstasie	[træjn·stasi]

57. Sightseeing

monument	monument	[monument]
fortress	fort	[fort]
palace	paleis	[palæjs]
castle	kasteel	[kasteəl]
tower	toring	[torɪŋ]
mausoleum	mausoleum	[mɔusoløəm]
architecture	argitektuur	[arχitektɪr]
medieval (adj)	Middeleeus	[middeliʊs]
ancient (adj)	oud	[æʊt]
national (adj)	nasionaal	[naʃionãl]
famous (monument, etc.)	bekend	[bekent]
tourist	toeris	[turis]
guide (person)	gids	[χids]
excursion, sightseeing tour	uitstappie	[œitstappi]
to show (vt)	wys	[vajs]
to tell (vt)	vertel	[fertəl]
to find (vt)	vind	[fint]
to get lost (lose one's way)	verdwaal	[ferdwãl]
map (e.g., subway ~)	kaart	[kãrt]
map (e.g., city ~)	kaart	[kãrt]
souvenir, gift	aandenking	[ãndenkiŋ]
gift shop	geskenkwinkel	[χeskɛnk·vinkəl]
to take pictures	fotografeer	[fotoχrafeər]
to have one's picture taken	jou portret laat maak	[jæʊ portret lãt mãk]

58. Shopping

to buy (purchase)	koop	[koəp]
purchase	aankoop	[ãnkoəp]
to go shopping	inkopies doen	[inkopis dun]
shopping	inkoop	[inkoəp]
to be open (ab. store)	oop wees	[oəp veəs]
to be closed	toe wees	[tu veəs]
footwear, shoes	skoeisel	[skuisəl]
clothes, clothing	klere	[klerə]
cosmetics	kosmetika	[kosmetika]
food products	voedingsware	[fudiŋs·warə]
gift, present	present	[present]
salesman	verkoper	[ferkopər]
saleswoman	verkoopsdame	[ferkoəps·damə]

check out, cash desk	**kassier**	[kassir]
mirror	**spieël**	[spiɛl]
counter (store ~)	**toonbank**	[toən·bank]
fitting room	**paskamer**	[pas·kamər]
to try on	**aanpas**	[ānpas]
to fit (ab. dress, etc.)	**pas**	[pas]
to like (I like …)	**hou van**	[hæʊ fan]
price	**prys**	[prajs]
price tag	**pryskaartjie**	[prajs·kārki]
to cost (vt)	**kos**	[kos]
How much?	**Hoeveel?**	[hufeəl?]
discount	**afslag**	[afslaχ]
inexpensive (adj)	**billik**	[billik]
cheap (adj)	**goedkoop**	[χudkoəp]
expensive (adj)	**duur**	[dɪr]
It's expensive	**dis duur**	[dis dɪr]
rental (n)	**verhuur**	[ferhɪr]
to rent (~ a tuxedo)	**verhuur**	[ferhɪr]
credit (trade credit)	**krediet**	[kredit]
on credit (adv)	**op krediet**	[op kredit]

59. Money

money	**geld**	[χɛlt]
currency exchange	**valutaruil**	[faluta·rœil]
exchange rate	**wisselkoers**	[vissəl·kurs]
ATM	**OTM**	[o·te·em]
coin	**muntstuk**	[muntstuk]
dollar	**dollar**	[dollar]
euro	**euro**	[øəro]
lira	**lira**	[lira]
Deutschmark	**Duitse mark**	[dœitsə mark]
franc	**frank**	[frank]
pound sterling	**pond sterling**	[pont sterliŋ]
yen	**yen**	[jɛn]
debt	**skuld**	[skult]
debtor	**skuldenaar**	[skuldenār]
to lend (money)	**uitleen**	[œitleən]
to borrow (vi, vt)	**leen**	[leən]
bank	**bank**	[bank]
account	**rekening**	[rekəniŋ]
to deposit (vt)	**deponeer**	[deponeər]

English	Afrikaans	IPA
to withdraw (vt)	trek	[trek]
credit card	kredietkaart	[kredit·kārt]
cash	kontant	[kontant]
check	tjek	[tʃek]
checkbook	tjekboek	[tʃek·buk]
wallet	beursie	[bøərsi]
change purse	muntstukbeursie	[muntstuk·bøərsi]
safe	brandkas	[brant·kas]
heir	erfgenaam	[ɛrfχənām]
inheritance	erfenis	[ɛrfenis]
fortune (wealth)	fortuin	[fortœin]
lease	huur	[hɪr]
rent (money)	huur	[hɪr]
to rent (sth from sb)	huur	[hɪr]
price	prys	[prajs]
cost	prys	[prajs]
sum	som	[som]
to spend (vt)	spandeer	[spandeər]
expenses	onkoste	[onkostə]
to economize (vi, vt)	besuinig	[besœineχ]
economical	ekonomies	[ɛkonomis]
to pay (vi, vt)	betaal	[betāl]
payment	betaling	[betaliŋ]
change (give the ~)	wisselgeld	[vissəl·χɛlt]
tax	belasting	[belastiŋ]
fine	boete	[butə]
to fine (vt)	beboet	[bebut]

60. Post. Postal service

English	Afrikaans	IPA
post office	poskantoor	[pos·kantoər]
mail (letters, etc.)	pos	[pos]
mailman	posbode	[pos·bodə]
opening hours	besigheidsure	[besiχæjts·urə]
letter	brief	[brif]
registered letter	geregistreerde brief	[χereχistreərdə brif]
postcard	poskaart	[pos·kārt]
telegram	telegram	[teleχram]
package (parcel)	pakkie	[pakki]
money transfer	geldoorplasing	[χɛld·oərplasiŋ]
to receive (vt)	ontvang	[ontfaŋ]
to send (vt)	stuur	[stɪr]

sending	versending	[fersendiŋ]
address	adres	[adres]
ZIP code	poskode	[pos·kodə]
sender	sender	[sendər]
receiver	ontvanger	[ontfaŋər]

| name (first name) | voornaam | [foərnãm] |
| surname (last name) | van | [fan] |

postage rate	postarief	[pos·tarif]
standard (adj)	standaard	[standãrt]
economical (adj)	ekonomies	[ɛkonomis]

weight	gewig	[χevəχ]
to weigh (~ letters)	weeg	[veəχ]
envelope	koevert	[kufert]
postage stamp	posseël	[pos·seɛl]

Dwelling. House. Home

61. House. Electricity

electricity	krag, elektrisiteit	[kraχ], [elektrisitæjt]
light bulb	gloeilamp	[χlui·lamp]
switch	skakelaar	[skakəlār]
fuse (plug fuse)	sekering	[sekəriŋ]
cable, wire (electric ~)	kabel	[kabəl]
wiring	bedrading	[bedradiŋ]
electricity meter	kragmeter	[kraχ·metər]
readings	lesings	[lesiŋs]

62. Villa. Mansion

country house	buitewoning	[bœite·voniŋ]
villa (seaside ~)	landhuis	[land·hœis]
wing (~ of a building)	vleuel	[fløəəl]
garden	tuin	[tœin]
park	park	[park]
tropical greenhouse	tropiese kweekhuis	[tropisə kweek·hœis]
to look after (garden, etc.)	versorg	[fersorχ]
swimming pool	swembad	[swem·bat]
gym (home gym)	gim	[χim]
tennis court	tennisbaan	[tɛnnis·bān]
home theater (room)	huisteater	[hœis·teatər]
garage	garage	[χaraʒə]
private property	privaat besit	[prifāt besit]
private land	privaateiendom	[prifāt·æjendom]
warning (caution)	waarskuwing	[vārskuviŋ]
warning sign	waarskuwingsbord	[vārskuviŋs·bort]
security	sekuriteit	[sekuritæjt]
security guard	veiligheidswag	[fæjliχæjts·waχ]
burglar alarm	diefalarm	[dif·alarm]

63. Apartment

apartment	woonstel	[voeŋstəl]
room	kamer	[kamər]
bedroom	slaapkamer	[slāp·kamər]
dining room	eetkamer	[eet·kamər]
living room	sitkamer	[sit·kamər]
study (home office)	studeerkamer	[studeer·kamər]
entry room	ingangsportaal	[inχaŋs·portāl]
bathroom (room with a bath or shower)	badkamer	[bad·kamər]
half bath	toilet	[tojlet]
ceiling	plafon	[plafon]
floor	vloer	[flur]
corner	hoek	[huk]

64. Furniture. Interior

furniture	meubels	[møəbɛls]
table	tafel	[tafel]
chair	stoel	[stul]
bed	bed	[bet]
couch, sofa	rusbank	[rusbank]
armchair	gemakstoel	[χemak·stul]
bookcase	boekkas	[buk·kas]
shelf	rak	[rak]
wardrobe	klerekas	[klerə·kas]
coat rack (wall-mounted ~)	kapstok	[kapstok]
coat stand	kapstok	[kapstok]
bureau, dresser	laaikas	[lājkas]
coffee table	koffietafel	[koffi·tafəl]
mirror	spieël	[spiɛl]
carpet	mat	[mat]
rug, small carpet	matjie	[maki]
fireplace	vuurherd	[fɪr·hert]
candle	kers	[kers]
candlestick	kandelaar	[kandelār]
drapes	gordyne	[χordajnə]
wallpaper	muurpapier	[mɪr·papir]
blinds (jalousie)	blindings	[blindiŋs]
table lamp	tafellamp	[tafel·lamp]

wall lamp (sconce)	muurlamp	[mɪr·lamp]
floor lamp	staanlamp	[stān·lamp]
chandelier	kroonlugter	[kroən·luχtər]

leg (of chair, table)	poot	[poət]
armrest	armleuning	[arm·løəniŋ]
back (backrest)	rugleuning	[ruχ·løəniŋ]
drawer	laai	[lāi]

65. Bedding

bedclothes	beddegoed	[beddə·χut]
pillow	kussing	[kussiŋ]
pillowcase	kussingsloop	[kussiŋ·sloəp]
duvet, comforter	duvet	[dufet]
sheet	laken	[lakən]
bedspread	bedsprei	[bed·spræj]

66. Kitchen

kitchen	kombuis	[kombœis]
gas	gas	[χas]
gas stove (range)	gasstoof	[χas·stoəf]
electric stove	elektriese stoof	[elektrisə stoəf]
oven	oond	[oent]
microwave oven	mikrogolfoond	[mikroχolf·oent]

refrigerator	yskas	[ajs·kas]
freezer	vrieskas	[friskas]
dishwasher	skottelgoedwasser	[skottɛlχud·wassər]

meat grinder	vleismeul	[flæjs·møəl]
juicer	versapper	[fersappər]
toaster	broodrooster	[broəd·roəstər]
mixer	menger	[meŋər]

coffee machine	koffiemasjien	[koffi·maʃin]
coffee pot	koffiepot	[koffi·pot]
coffee grinder	koffiemeul	[koffi·møəl]

kettle	fluitketel	[flœit·ketəl]
teapot	teepot	[teə·pot]
lid	deksel	[deksəl]
tea strainer	teesiffie	[teə·siffi]

spoon	lepel	[lepəl]
teaspoon	teelepeltjie	[teə·lepəlki]
soup spoon	soplepel	[sop·lepəl]

fork	**vurk**	[furk]
knife	**mes**	[mes]
tableware (dishes)	**tafelgerei**	[tafel·χeræj]
plate (dinner ~)	**bord**	[bort]
saucer	**piering**	[piriŋ]
shot glass	**likeurglas**	[likøər·χlas]
glass (tumbler)	**glas**	[χlas]
cup	**koppie**	[koppi]
sugar bowl	**suikerpot**	[sœikər·pot]
salt shaker	**soutvaatjie**	[sæʊt·fāki]
pepper shaker	**pepervaatjie**	[pepər·fāki]
butter dish	**botterbakkie**	[bottər·bakki]
stock pot (soup pot)	**soppot**	[sop·pot]
frying pan (skillet)	**braaipan**	[brāj·pan]
ladle	**opskeplepel**	[opskep·lepəl]
colander	**vergiet**	[ferχit]
tray (serving ~)	**skinkbord**	[skink·bort]
bottle	**bottel**	[bottəl]
jar (glass)	**fles**	[fles]
can	**blikkie**	[blikki]
bottle opener	**botteloopmaker**	[bottəl·oəpmakər]
can opener	**blikoopmaker**	[blik·oəpmakər]
corkscrew	**kurktrekker**	[kurk·trɛkkər]
filter	**filter**	[filtər]
to filter (vt)	**filter**	[filtər]
trash, garbage (food waste, etc.)	**vullis**	[fullis]
trash can (kitchen ~)	**vullisbak**	[fullis·bak]

67. Bathroom

bathroom	**badkamer**	[bad·kamər]
water	**water**	[vatər]
faucet	**kraan**	[krān]
hot water	**warme water**	[varmə vatər]
cold water	**koue water**	[kæʊə vatər]
toothpaste	**tandepasta**	[tandə·pasta]
to brush one's teeth	**tande borsel**	[tandə borsəl]
toothbrush	**tandeborsel**	[tandə·borsəl]
to shave (vi)	**skeer**	[skeər]
shaving foam	**skeerroom**	[skeər·roəm]

razor	skeermes	[skeər·mes]
to wash (one's hands, etc.)	was	[vas]
to take a bath	bad	[bat]
shower	stort	[stort]
to take a shower	stort	[stort]

bathtub	bad	[bat]
toilet (toilet bowl)	toilet	[tojlet]
sink (washbasin)	wasbak	[vas·bak]

| soap | seep | [seəp] |
| soap dish | seepbakkie | [seəp·bakki] |

sponge	spons	[spɔŋs]
shampoo	sjampoe	[ʃampu]
towel	handdoek	[handduk]
bathrobe	badjas	[batjas]

laundry (process)	was	[vas]
washing machine	wasmasjien	[vas·maʃin]
to do the laundry	die wasgoed was	[di vasχut vas]
laundry detergent	waspoeier	[vas·pujer]

68. Household appliances

TV set	TV-stel	[te·fe·stəl]
tape recorder	bandspeler	[band·spelər]
VCR (video recorder)	videomasjien	[video·maʃin]
radio	radio	[radio]
player (CD, MP3, etc.)	speler	[spelər]

video projector	videoprojektor	[video·projektor]
home movie theater	tuisfliekteater	[tœis·flik·teatər]
DVD player	DVD-speler	[de·fe·de·spelər]
amplifier	versterker	[fersterkər]
video game console	videokonsole	[video·kɔŋsole]

video camera	videokamera	[video·kamera]
camera (photo)	kamera	[kamera]
digital camera	digitale kamera	[diχitale kamera]

vacuum cleaner	stofsuier	[stof·sœier]
iron (e.g., steam ~)	strykyster	[strajk·ajstər]
ironing board	strykplank	[strajk·plank]

telephone	telefoon	[telefoən]
cell phone	selfoon	[sɛlfoən]
typewriter	tikmasjien	[tik·maʃin]
sewing machine	naaimasjien	[naj·maʃin]
microphone	mikrofoon	[mikrofoən]

headphones	**koptelefoon**	[kop·telefoen]
remote control (TV)	**afstandsbeheer**	[afstands·beheer]
CD, compact disc	**CD**	[se·de]
cassette, tape	**kasset**	[kasset]
vinyl record	**plaat**	[plāt]

HUMAN ACTIVITIES

Job. Business. Part 1

69. Office. Working in the office

office (company ~)	kantoor	[kantoər]
office (of director, etc.)	kantoor	[kantoər]
reception desk	ontvangs	[ontfaŋs]
secretary	sekretaris	[sekretaris]
secretary (fem.)	sekretaresse	[sekretarɛssə]
director	direkteur	[direktøər]
manager	bestuurder	[bestɪrdər]
accountant	boekhouer	[bukhæʊər]
employee	werknemer	[verknemər]
furniture	meubels	[møəbɛls]
desk	lessenaar	[lɛssenãr]
desk chair	draaistoel	[drãj·stul]
drawer unit	laaikas	[lãjkas]
coat stand	kapstok	[kapstok]
computer	rekenaar	[rekənãr]
printer	drukker	[drukkər]
fax machine	faksmasjien	[faks·maʃin]
photocopier	fotostaatmasjien	[fotostãt·maʃin]
paper	papier	[papir]
office supplies	kantoorbenodigdhede	[kantoər·benodiχhedə]
mouse pad	muismatjie	[mœis·maki]
sheet (of paper)	blaai	[blãi]
binder	binder	[bindər]
catalog	katalogus	[kataloχus]
phone directory	telefoongids	[telefoən·χids]
documentation	dokumentasie	[dokumentasi]
brochure (e.g., 12 pages ~)	brosjure	[broʃurə]
leaflet (promotional ~)	strooibiljet	[stroj·biljet]
sample	monsterkaart	[mɔŋstər·kãrt]
training meeting	opleidingsvergadering	[oplæjdiŋs·ferχaderiŋ]
meeting (of managers)	vergadering	[ferχaderiŋ]
lunch time	middagpouse	[middaχ·pæʊsə]

to make multiple copies	aantal kopieë maak	[ãntal kopiɛ mãk]
to call (by phone)	bel	[bəl]
to answer (vt)	antwoord	[antwoərt]
to put through	deursit	[døərsit]
to arrange, to set up	reël	[reɛl]
to demonstrate (vt)	demonstreer	[demɔŋstreər]
to be absent	afwesig wees	[afwesəχ veəs]
absence	afwesigheid	[afwesiχæjt]

70. Business processes. Part 1

business	besigheid	[besiχæjt]
occupation	beroep	[berup]
firm	firma	[firma]
company	maatskappy	[mãtskappaj]
corporation	korporasie	[korporasi]
enterprise	onderneming	[ondərnemiŋ]
agency	agentskap	[aχentskap]
agreement (contract)	ooreenkoms	[oəreənkoms]
contract	kontrak	[kontrak]
deal	transaksie	[traŋsaksi]
order (to place an ~)	bestelling	[bestɛlliŋ]
terms (of the contract)	voorwaarde	[foərwãrdə]
wholesale (adv)	groothandels-	[χroet·handəls-]
wholesale (adj)	groothandels-	[χroet·handəls-]
wholesale (n)	groothandel	[χroet·handəl]
retail (adj)	kleinhandels-	[klæjn·handəls-]
retail (n)	kleinhandel	[klæjn·handəl]
competitor	konkurrent	[konkurrent]
competition	konkurrensie	[konkurreŋsi]
to compete (vi)	kompeteer	[kompeteər]
partner (associate)	vennoot	[fɛnnoət]
partnership	vennootskap	[fɛnnoətskap]
crisis	krisis	[krisis]
bankruptcy	bankrotskap	[bankrotskap]
to go bankrupt	bankrot speel	[bankrot speəl]
difficulty	moeilikheid	[muilikhæjt]
problem	probleem	[probleəm]
catastrophe	katastrofe	[katastrofə]
economy	ekonomie	[ɛkonomi]
economic (~ growth)	ekonomiese	[ɛkonomisə]
economic recession	ekonomiese agteruitgang	[ɛkonomisə aχtər·œitχaŋ]

goal (aim)	**doel**	[dul]
task	**opdrag**	[opdraχ]
to trade (vi)	**handel**	[handəl]
network (distribution ~)	**netwerk**	[netwerk]
inventory (stock)	**voorraad**	[foərrãt]
range (assortment)	**reeks**	[reəks]
leader (leading company)	**leier**	[læjer]
large (~ company)	**groot**	[χroət]
monopoly	**monopolie**	[monopoli]
theory	**teorie**	[teori]
practice	**praktyk**	[praktajk]
experience (in my ~)	**ervaring**	[ɛrfariŋ]
trend (tendency)	**tendens**	[tendɛns]
development	**ontwikkeling**	[ontwikkeliŋ]

71. Business processes. Part 2

profit (foregone ~)	**wins**	[vins]
profitable (~ deal)	**voordelig**	[foərdeləχ]
delegation (group)	**delegasie**	[deleχasi]
salary	**salaris**	[salaris]
to correct (an error)	**korrigeer**	[korriχeər]
business trip	**sakereis**	[sakeræjs]
commission	**kommissie**	[kommissi]
to control (vt)	**kontroleer**	[kontroleər]
conference	**konferensie**	[konferɛnsi]
license	**lisensie**	[lisɛnsi]
reliable (~ partner)	**betroubaar**	[betræubãr]
initiative (undertaking)	**inisiatief**	[inisiatif]
norm (standard)	**norm**	[norm]
circumstance	**omstandigheid**	[omstandiχæjt]
duty (of employee)	**taak**	[tãk]
organization (company)	**organisasie**	[orχanisasi]
organization (process)	**organisasie**	[orχanisasi]
organized (adj)	**georganiseer**	[χeorχaniseər]
cancellation	**kansellering**	[kaŋsɛlleriŋ]
to cancel (call off)	**kanselleer**	[kaŋsɛlleər]
report (official ~)	**verslag**	[ferslaχ]
patent	**patent**	[patent]
to patent (obtain patent)	**patenteer**	[patenteər]
to plan (vt)	**beplan**	[beplan]
bonus (money)	**bonus**	[bonus]

professional (adj)	**professioneel**	[prɔfɛssioneəl]
procedure	**prosedure**	[prosedurə]
to examine (contract, etc.)	**ondersoek**	[ondərsuk]
calculation	**berekening**	[berekeniŋ]
reputation	**reputasie**	[reputasi]
risk	**risiko**	[risiko]
to manage, to run	**beheer**	[beheər]
information	**informasie**	[informasi]
property	**eiendom**	[æjendom]
union	**unie**	[uni]
life insurance	**lewensversekering**	[levɛŋs·fersekeriŋ]
to insure (vt)	**verseker**	[fersekər]
insurance	**versekering**	[fersekeriŋ]
auction (~ sale)	**veiling**	[fæjliŋ]
to notify (inform)	**laat weet**	[lāt veət]
management (process)	**beheer**	[beheər]
service (~ industry)	**diens**	[diŋs]
forum	**forum**	[forum]
to function (vi)	**funksioneer**	[funksioneər]
stage (phase)	**stadium**	[stadium]
legal (~ services)	**regs-**	[reχs-]
lawyer (legal advisor)	**regsgeleerde**	[reχs·χeleərdə]

72. Production. Works

plant	**fabriek**	[fabrik]
factory	**fabriek**	[fabrik]
workshop	**werkplek**	[verkplek]
works, production site	**bedryf**	[bedrajf]
industry (manufacturing)	**industrie**	[industri]
industrial (adj)	**industrieel**	[industriəl]
heavy industry	**swaar industrie**	[swār industri]
light industry	**ligte industrie**	[liχtə industri]
products	**produkte**	[produktə]
to produce (vt)	**produseer**	[produseər]
raw materials	**grondstowwe**	[χront·stowə]
foreman (construction ~)	**voorman**	[foərman]
workers team (crew)	**werkspan**	[verks·pan]
worker	**werker**	[verkər]
working day	**werksdag**	[verks·daχ]
pause (rest break)	**pouse**	[pæusə]

English	Afrikaans	Pronunciation
meeting	vergadering	[ferχaderiŋ]
to discuss (vt)	bespreek	[bespreək]
plan	plan	[plan]
to fulfill the plan	die plan uitvoer	[di plan œitfur]
rate of output	produksienorm	[produksi·norm]
quality	kwaliteit	[kwalitæjt]
control (checking)	kontrole	[kontrolə]
quality control	kwaliteitskontrole	[kwalitæjts·kontrolə]
workplace safety	werkplekveiligheid	[verkplek·fæjliχæjt]
discipline	dissipline	[dissiplinə]
violation (of safety rules, etc.)	oortreding	[oərtrediŋ]
to violate (rules)	oortree	[oərtreə]
strike	staking	[stakiŋ]
striker	staker	[stakər]
to be on strike	staak	[stāk]
labor union	vakbond	[fakbont]
to invent (machine, etc.)	uitvind	[œitfint]
invention	uitvinding	[œitfindiŋ]
research	navorsing	[naforsiŋ]
to improve (make better)	verbeter	[ferbetər]
technology	tegnologie	[teχnoloχi]
technical drawing	tegniese tekening	[teχnisə tekəniŋ]
load, cargo	vrag	[fraχ]
loader (person)	laaier	[lājer]
to load (vehicle, etc.)	laai	[lāi]
loading (process)	laai	[lāi]
to unload (vi, vt)	uitlaai	[œitlāi]
unloading	uitlaai	[œitlāi]
transportation	vervoer	[ferfur]
transportation company	vervoermaatskappy	[ferfur·mātskappaj]
to transport (vt)	vervoer	[ferfur]
freight car	trok	[trok]
tank (e.g., oil ~)	tenk	[tɛnk]
truck	vragmotor	[fraχ·motor]
machine tool	werktuigmasjien	[verktœiχ·maʃin]
mechanism	meganisme	[meχanismə]
industrial waste	industriële afval	[industriɛlə affal]
packing (process)	verpakking	[ferpakkiŋ]
to pack (vt)	verpak	[ferpak]

73. Contract. Agreement

contract	kontrak	[kontrak]
agreement	ooreenkoms	[oəreənkoms]
addendum	addendum	[addendum]
signature	handtekening	[hand·tekənin]
to sign (vt)	onderteken	[ondərtekən]
seal (stamp)	stempel	[stempəl]
subject of contract	onderwerp van ooreenkoms	[ondərwerp fan oəreənkoms]
clause	klousule	[klæʊsulə]
parties (in contract)	partye	[partajə]
legal address	wetlike adres	[vetlikə adres]
to violate the contract	die kontrak verbreek	[di kontrak fərbreək]
commitment (obligation)	verpligting	[fərpliχtin]
responsibility	verantwoordelikheid	[ferant·voərdelikhæjt]
force majeure	oormag	[oərmaχ]
dispute	geskil	[χeskil]
penalties	boete	[butə]

74. Import & Export

import	invoer	[infur]
importer	invoerder	[infurdər]
to import (vt)	invoer	[infur]
import (as adj.)	invoer-	[infur-]
export (exportation)	uitvoer	[œitfur]
exporter	uitvoerder	[œitfurdər]
to export (vi, vt)	uitvoer	[œitfur]
export (as adj.)	uitvoer-	[œitfur-]
goods (merchandise)	goedere	[χudərə]
consignment, lot	besending	[besendin]
weight	gewig	[χeveχ]
volume	volume	[folumə]
cubic meter	kubieke meter	[kubikə metər]
manufacturer	produsent	[produsent]
transportation company	vervoermaatskappy	[fərfur·mātskappaj]
container	houer	[hæʊər]
border	grens	[χrɛns]
customs	doeane	[duanə]
customs duty	doeanereg	[duanə·reχ]

customs officer	doeanebeampte	[duanə·beamptə]
smuggling	smokkel	[smokkəl]
contraband (smuggled goods)	smokkelgoed	[smokkəl·χut]

75. Finances

stock (share)	aandeel	[āndeəl]
bond (certificate)	obligasie	[obliχasi]
promissory note	promesse	[promɛssə]

| stock exchange | beurs | [bøørs] |
| stock price | aandeelkoers | [āndeəl·kurs] |

| to go down (become cheaper) | daal | [dāl] |
| to go up (become more expensive) | styg | [stajχ] |

| share | aandeel | [āndeəl] |
| controlling interest | meerderheidsbelang | [meərderhæjts·belaŋ] |

investment	belegging	[beleχχiŋ]
to invest (vt)	belè	[belɛ:]
percent	persent	[persent]
interest (on investment)	rente	[rentə]

profit	wins	[vins]
profitable (adj)	voordelig	[foərdeləχ]
tax	belasting	[belastiŋ]

currency (foreign ~)	valuta	[faluta]
national (adj)	nasionaal	[naʃionāl]
exchange (currency ~)	wissel	[vissəl]

| accountant | boekhouer | [bukhæʊər] |
| accounting | boekhouding | [bukhæʊdiŋ] |

bankruptcy	bankrotskap	[bankrotskap]
collapse, crash	ineenstorting	[inɛŋstortiŋ]
ruin	bankrotskap	[bankrotskap]
to be ruined (financially)	geruïneer wees	[χeruïneər veəs]
inflation	inflasie	[inflasi]
devaluation	devaluasie	[defaluasi]

capital	kapitaal	[kapitāl]
income	inkomste	[inkomstə]
turnover	omset	[omset]
resources	hulpbronne	[hulpbronnə]
monetary resources	monetère hulpbronne	[monetærə hulpbronnə]

| overhead | oorhoofse koste | [oərhoəfsə kostə] |
| to reduce (expenses) | verminder | [ferminder] |

76. Marketing

marketing	bemarking	[bemarkiŋ]
market	mark	[mark]
market segment	marksegment	[mark·seχment]
product	produk	[produk]
goods (merchandise)	goedere	[χudere]

brand	merk	[merk]
trademark	handelsmerk	[handels·merk]
logotype	logo	[loχo]
logo	logo	[loχo]

demand	vraag	[frāχ]
supply	aanbod	[ānbot]
need	behoefte	[behuftə]
consumer	verbruiker	[ferbrœikər]

analysis	analise	[analisə]
to analyze (vt)	analiseer	[analiseər]
positioning	plasing	[plasiŋ]
to position (vt)	plaas	[plās]

price	prys	[prajs]
pricing policy	prysbeleid	[prajs·belæjt]
price formation	prysvorming	[prajs·formiŋ]

77. Advertising

advertising	reklame	[reklamə]
to advertise (vt)	adverteer	[adferteər]
budget	begroting	[beχrotiŋ]

ad, advertisement	advertensie	[adfertɛŋsi]
TV advertising	TV-advertensie	[te·fe-adfertɛŋsi]
radio advertising	radioreklame	[radio·reklamə]
outdoor advertising	buitereklame	[bœitə·reklamə]

mass media	massamedia	[massa·media]
periodical (n)	tydskrif	[tajdskrif]
image (public appearance)	imago	[imaχo]

slogan	slagspreuk	[slaχ·sprøək]
motto (maxim)	motto	[motto]
campaign	veldtog	[fɛldtoχ]

English	Afrikaans	Pronunciation
advertising campaign	reklameveldtog	[reklamə·fɛldtoχ]
target group	doelgroep	[dul·χrup]
business card	besigheidskaartjie	[besiχæjts·kārki]
leaflet (promotional ~)	strooibiljet	[stroj·biljet]
brochure (e.g., 12 pages ~)	brosjure	[broʃurə]
pamphlet	pamflet	[pamflet]
newsletter	nuusbrief	[nɪsbrif]
signboard (store sign, etc.)	reklamebord	[reklamə·bort]
poster	plakkaat	[plakkāt]
billboard	aanplakbord	[ānplakbort]

78. Banking

English	Afrikaans	Pronunciation
bank	bank	[bank]
branch (of bank, etc.)	tak	[tak]
bank clerk, consultant	bankklerk	[bank·klerk]
manager (director)	bestuurder	[bestɪrdər]
bank account	bankrekening	[bank·rekəniŋ]
account number	rekeningnommer	[rekəniŋ·nommər]
checking account	tjekrekening	[tʃek·rekəniŋ]
savings account	spaarrekening	[spār·rekəniŋ]
to close the account	die rekening sluit	[di rekəniŋ slœit]
to withdraw (vt)	trek	[trek]
deposit	deposito	[deposito]
wire transfer	telegrafiese oorplasing	[teleχrafisə oərplasiŋ]
to wire, to transfer	oorplaas	[oərplās]
sum	som	[som]
How much?	Hoeveel?	[hufeəl?]
signature	handtekening	[hand·tekəniŋ]
to sign (vt)	onderteken	[ondərtekən]
credit card	kredietkaart	[kredit·kārt]
code (PIN code)	kode	[kodə]
credit card number	kredietkaartnommer	[kredit·kārt·nommər]
ATM	OTM	[o·te·em]
check	tjek	[tʃek]
checkbook	tjekboek	[tʃek·buk]
loan (bank ~)	lening	[leniŋ]
guarantee	waarborg	[vārborχ]

79. Telephone. Phone conversation

telephone	telefoon	[telefoən]
cell phone	selfoon	[sɛlfoən]
answering machine	antwoordmasjien	[antwoərt·maʃin]
to call (by phone)	bel	[bəl]
phone call	oproep	[oprup]
Hello!	Hallo!	[hallo!]
to ask (vt)	vra	[fra]
to answer (vi, vt)	antwoord	[antwoərt]
to hear (vt)	hoor	[hoər]
well (adv)	goed	[χut]
not well (adv)	nie goed nie	[ni χut ni]
noises (interference)	steurings	[støəriŋs]
receiver	gehoorstuk	[χehoərstuk]
to pick up (~ the phone)	optel	[optəl]
to hang up (~ the phone)	afskakel	[afskakəl]
busy (engaged)	besig	[besəχ]
to ring (ab. phone)	lui	[lœi]
telephone book	telefoongids	[telefoən·χids]
local (adj)	lokale	[lokalə]
local call	lokale oproep	[lokalə oprup]
long distance (~ call)	langafstand	[lanχ·afstant]
long-distance call	langafstand oproep	[lanχ·afstant oprup]
international (adj)	internasionale	[internaʃionalə]
international call	internasionale oproep	[internaʃionalə oprup]

80. Cell phone

cell phone	selfoon	[sɛlfoən]
display	skerm	[skerm]
button	knoppie	[knoppi]
SIM card	SIMkaart	[sim·kãrt]
battery	battery	[battəraj]
to be dead (battery)	pap wees	[pap veəs]
charger	batterylaaier	[battəraj·lajer]
menu	spyskaart	[spajs·kãrt]
settings	instellings	[instɛlliŋs]
tune (melody)	wysie	[vajsi]
to select (vt)	kies	[kis]
calculator	sakrekenaar	[sakrekənãr]

voice mail	stempos	[stem·pos]
alarm clock	wekker	[vɛkkər]
contacts	kontakte	[kontaktə]
SMS (text message)	SMS	[es·em·es]
subscriber	intekenaar	[intekənār]

81. Stationery

ballpoint pen	bolpen	[bol·pen]
fountain pen	vulpen	[ful·pen]
pencil	potlood	[potloət]
highlighter	merkpen	[merk·pen]
felt-tip pen	viltpen	[filt·pen]
notepad	notaboekie	[nota·buki]
agenda (diary)	dagboek	[daχ·buk]
ruler	liniaal	[liniāl]
calculator	sakrekenaar	[sakrekənār]
eraser	uitveër	[œitfeɛr]
thumbtack	duimspyker	[dœim·spajkər]
paper clip	skuifspeld	[skœif·spɛlt]
glue	gom	[χom]
stapler	krammasjien	[kram·maʃin]
hole punch	ponsmasjien	[pɔŋs·maʃin]
pencil sharpener	skerpmaker	[skerp·makər]

82. Kinds of business

accounting services	boekhoudienste	[bukhæʊ·diŋstə]
advertising	reklame	[reklamə]
advertising agency	reklameburo	[reklamə·buro]
air-conditioners	lugversorger	[luχfersorχər]
airline	lugredery	[luχredəraj]
alcoholic beverages	alkoholiese dranke	[alkoholisə drankə]
antiques (antique dealers)	antiek	[antik]
art gallery (contemporary ~)	kunsgalery	[kuns·χalerəj]
audit services	ouditeursdienste	[æʊditøərs·diŋstə]
banking industry	bankwese	[bankwesə]
bar	kroeg	[kruχ]
beauty parlor	skoonheidssalon	[skoənhæjts·salon]
bookstore	boekhandel	[buk·handəl]

brewery	brouery	[bræueraj]
business center	sakesentrum	[sakə·sentrum]
business school	besigheidsskool	[besiχæjts·skoəl]

casino	kasino	[kasino]
construction	boubedryf	[bæubedrajf]
consulting	advieskantoor	[adfis·kantoər]

dental clinic	tandekliniek	[tandə·klinik]
design	ontwerp	[ontwerp]
drugstore, pharmacy	apteek	[apteək]
dry cleaners	droogskoonmakers	[droəχ·skoən·makers]
employment agency	arbeidsburo	[arbæjds·buro]

financial services	finansiële dienste	[finaŋsiɛlə diŋstə]
food products	voedingsware	[fudiŋs·warə]
funeral home	begrafnisonderneming	[beχrafnis·ondərnemiŋ]
furniture (e.g., house ~)	meubels	[møəbɛls]
clothing, garment	klerasie	[klerasi]
hotel	hotel	[hotəl]

ice-cream	roomys	[roəm·ajs]
industry (manufacturing)	industrie	[industri]
insurance	versekering	[fersekeriŋ]
Internet	internet	[internet]
investments (finance)	investerings	[infesteriŋs]

jeweler	juwelier	[juvelir]
jewelry	juweliersware	[juvelirs·warə]
laundry (shop)	wassery	[vasseraj]
legal advisor	regsadviseur	[reχs·adfisøər]
light industry	ligte industrie	[liχtə industri]

magazine	tydskrif	[tajdskrif]
mail-order selling	posorderbedryf	[pos·ordər·bedrajf]
medicine	geneesmiddels	[χeneəs·middəls]
movie theater	bioskoop	[bioskoəp]
museum	museum	[musøəm]

news agency	nuusagentskap	[nɪs·aχentskap]
newspaper	koerant	[kurant]
nightclub	nagklub	[naχ·klup]

oil (petroleum)	olie	[oli]
courier services	koerierdienste	[kurir·diŋstə]
pharmaceutics	farmasie	[farmasi]
printing (industry)	drukkery	[drukkəraj]
publishing house	uitgewery	[œitχevəraj]

radio (~ station)	radio	[radio]
real estate	eiendom	[æjendom]
restaurant	restaurant	[restourant]

security company	**sekuriteitsfirma**	[sekuritæjts·firma]
sports	**sport**	[sport]
stock exchange	**beurs**	[bøərs]
store	**winkel**	[vinkəl]
supermarket	**supermark**	[supermark]
swimming pool (public ~)	**swembad**	[swem·bat]
tailor shop	**kleremaker**	[klerə·makər]
television	**televisie**	[telefisi]
theater	**teater**	[teatər]
trade (commerce)	**handel**	[handəl]
transportation	**vervoer**	[ferfur]
travel	**reisbedryf**	[ræjs·bedrajf]
veterinarian	**veearts**	[feə·arts]
warehouse	**pakhuis**	[pak·hœis]
waste collection	**afvalinsameling**	[affal·insameliŋ]

Job. Business. Part 2

83. Show. Exhibition

English	Afrikaans	Pronunciation
exhibition, show	skou	[skæʊ]
trade show	handelsskou	[handəls·skæʊ]
participation	deelneming	[deəlnemiŋ]
to participate (vi)	deelneem	[deəlneəm]
participant (exhibitor)	deelnemer	[deəlnemər]
director	bestuurder	[bestɪrdər]
organizers' office	organisasiekantoor	[orχanisasi·kantoər]
organizer	organiseerder	[orχaniseərdər]
to organize (vt)	organiseer	[orχaniseər]
participation form	deelnemingsvorm	[deəlnemiŋs·form]
to fill out (vt)	invul	[inful]
details	besonderhede	[besondərhedə]
information	informasie	[informasi]
price (cost, rate)	prys	[prajs]
including	insluitend	[inslœitent]
to include (vt)	insluit	[inslœit]
to pay (vi, vt)	betaal	[betãl]
registration fee	registrasiefooi	[reχistrasi·foj]
entrance	ingang	[inχaŋ]
pavilion, hall	paviljoen	[pafiljun]
to register (vt)	registreer	[reχistreər]
badge (identity tag)	lapelkaart	[lapəl·kãrt]
booth, stand	stalletjie	[stalləki]
to reserve, to book	bespreek	[bespreək]
display case	uistalkas	[œistalkas]
spotlight	kollig	[kolləχ]
design	ontwerp	[ontwerp]
to place (put, set)	sit	[sit]
to be placed	geplaas wees	[χeplãs veəs]
distributor	verdeler	[ferdelər]
supplier	verskaffer	[ferskaffər]
to supply (vt)	verskaf	[ferskaf]
country	land	[lant]
foreign (adj)	buitelands	[bœitəlands]

product	produk	[produk]
association	vereniging	[ferenəχiŋ]
conference hall	konferensiesaal	[konferɛnsi·sāl]
congress	kongres	[konχres]
contest (competition)	wedstryd	[vedstrajt]
visitor (attendee)	besoeker	[besukər]
to visit (attend)	besoek	[besuk]
customer	kliënt	[kliɛnt]

84. Science. Research. Scientists

science	wetenskap	[vetɛŋskap]
scientific (adj)	wetenskaplik	[vetɛŋskaplik]
scientist	wetenskaplike	[vetɛŋskaplikə]
theory	teorie	[teori]

axiom	aksioma	[aksioma]
analysis	analise	[analisə]
to analyze (vt)	analiseer	[analiseər]
argument (strong ~)	argument	[arχument]
substance (matter)	substansie	[substaŋsi]

hypothesis	hipotese	[hipotesə]
dilemma	dilemma	[dilɛmma]
dissertation	proefskrif	[prufskrif]
dogma	dogma	[doχma]

doctrine	doktrine	[doktrinə]
research	navorsing	[naforsiŋ]
to research (vt)	navors	[nafors]
tests (laboratory ~)	toetse	[tutsə]
laboratory	laboratorium	[laboratorium]

method	metode	[metodə]
molecule	molekule	[molekulə]
monitoring	monitering	[moniteriŋ]
discovery (act, event)	ontdekking	[ontdɛkkiŋ]

postulate	postulaat	[postulāt]
principle	beginsel	[beχinsəl]
forecast	voorspelling	[foərspɛlliŋ]
to forecast (vt)	voorspel	[foərspəl]

synthesis	sintese	[sintesə]
trend (tendency)	tendens	[tendɛns]
theorem	stelling	[stɛlliŋ]

| teachings | leer | [leər] |
| fact | feit | [fæjt] |

expedition	**ekspedisie**	[ɛkspedisi]
experiment	**eksperiment**	[ɛksperiment]
academician	**akademikus**	[akademikus]
bachelor (e.g., ~ of Arts)	**baccalaureus**	[bakalɔurøəs]
doctor (PhD)	**doktor**	[doktor]
Associate Professor	**medeprofessor**	[medə·profɛssor]
Master (e.g., ~ of Arts)	**Magister**	[maχistər]
professor	**professor**	[profɛssor]

Professions and occupations

85. Job search. Dismissal

job	baantjie	[bānki]
staff (work force)	personeel	[personeəl]
personnel	personeel	[personeəl]
career	loopbaan	[loəpbān]
prospects (chances)	vooruitsigte	[foərœit·siχtə]
skills (mastery)	meesterskap	[meəsterskap]
selection (screening)	seleksie	[seleksi]
employment agency	arbeidsburo	[arbæjds·buro]
résumé	curriculum vitae	[kurrikulum fitaə]
job interview	werksonderhoud	[werk·ondərhæʊt]
vacancy, opening	vakature	[fakaturə]
salary, pay	salaris	[salaris]
fixed salary	vaste salaris	[fastə salaris]
pay, compensation	loon	[loən]
position (job)	posisie	[posisi]
duty (of employee)	taak	[tāk]
range of duties	reeks opdragte	[reeks opdraχtə]
busy (I'm ~)	besig	[besəχ]
to fire (dismiss)	afdank	[afdank]
dismissal	afdanking	[afdankiŋ]
unemployment	werkloosheid	[verkloəshæjt]
unemployed (n)	werkloos	[verkloəs]
retirement	pensioen	[pɛnsiun]
to retire (from job)	met pensioen gaan	[met pɛnsiun χān]

86. Business people

director	direkteur	[direktøer]
manager (director)	bestuurder	[bestɪrdər]
boss	baas	[bās]
superior	hoof	[hoəf]
superiors	hoofde	[hoəfdə]
president	direkteur	[direktøer]

English	Afrikaans	Pronunciation
chairman	voorsitter	[foərsittər]
deputy (substitute)	adjunk	[adjunk]
assistant	assistent	[assistent]
secretary	sekretaris	[sekretaris]
personal assistant	persoonlike assistent	[persoənlikə assistent]
businessman	sakeman	[sakəman]
entrepreneur	entrepreneur	[ɛntrəprenøər]
founder	stigter	[stiχtər]
to found (vt)	stig	[stiχ]
incorporator	stigter	[stiχtər]
partner	vennoot	[fɛnnoət]
stockholder	aandeelhouer	[āndeəl·hæʋər]
millionaire	miljoenêr	[miljunær]
billionaire	miljardêr	[miljardær]
owner, proprietor	eienaar	[æjenār]
landowner	grondeienaar	[χront·æjenār]
client	kliënt	[kliɛnt]
regular client	vaste kliënt	[fastə kliɛnt]
buyer (customer)	koper	[kopər]
visitor	besoeker	[besukər]
professional (n)	professioneel	[profɛssioneəl]
expert	kenner	[kɛnnər]
specialist	spesialis	[spesialis]
banker	bankier	[bankir]
broker	makelaar	[makəlār]
cashier, teller	kassier	[kassir]
accountant	boekhouer	[bukhæʋər]
security guard	veiligheidswag	[fæjliχæjts·waχ]
investor	belegger	[beleχər]
debtor	skuldenaar	[skuldenār]
creditor	krediteur	[kreditøər]
borrower	lener	[lenər]
importer	invoerder	[infurdər]
exporter	uitvoerder	[œitfurdər]
manufacturer	produsent	[produsent]
distributor	verdeler	[ferdelər]
middleman	tussenpersoon	[tussən·persoən]
consultant	raadgewer	[rāt·χevər]
sales representative	verkoopsagent	[ferkoəps·aχent]
agent	agent	[aχent]
insurance agent	versekeringsagent	[fersəkeriŋs·aχent]

87. Service professions

cook	kok	[kok]
chef (kitchen chef)	sjef	[ʃef]
baker	bakker	[bakkər]
bartender	kroegman	[kruχman]
waiter	kelner	[kɛlnər]
waitress	kelnerin	[kɛlnərin]
lawyer, attorney	advokaat	[adfokãt]
lawyer (legal expert)	prokureur	[prokurøər]
notary	notaris	[notaris]
electrician	elektrisiën	[ɛlektrisiɛn]
plumber	loodgieter	[loədχitər]
carpenter	timmerman	[timmerman]
masseur	masseerder	[masseərdər]
masseuse	masseerster	[masseərstər]
doctor	dokter	[doktər]
taxi driver	taxibestuurder	[taksi·bestɪrdər]
driver	bestuurder	[bestɪrdər]
delivery man	koerier	[kurir]
chambermaid	kamermeisie	[kamər·mæjsi]
security guard	veiligheidswag	[fæjliχæjts·waχ]
flight attendant (fem.)	lugwaardin	[luχ·wãrdin]
schoolteacher	onderwyser	[ondərwajsər]
librarian	bibliotekaris	[bibliotekaris]
translator	vertaler	[fertalər]
interpreter	tolk	[tolk]
guide	gids	[χids]
hairdresser	haarkapper	[hãr·kappər]
mailman	posbode	[pos·bodə]
salesman (store staff)	verkoper	[ferkopər]
gardener	tuinman	[tœin·man]
domestic servant	bediende	[bedində]
maid (female servant)	bediende	[bedində]
cleaner (cleaning lady)	skoonmaakster	[skoən·mãkstər]

88. Military professions and ranks

private	soldaat	[soldãt]
sergeant	sersant	[sersant]

lieutenant	luitenant	[lœitənant]
captain	kaptein	[kaptæjn]
major	majoor	[majoər]
colonel	kolonel	[kolonəl]
general	generaal	[χenerāl]
marshal	maarskalk	[mārskalk]
admiral	admiraal	[admirāl]
military (n)	leër	[leɛr]
soldier	soldaat	[soldāt]
officer	offisier	[offisir]
commander	kommandant	[kommandant]
border guard	grenswag	[χrɛŋs·waχ]
radio operator	radio-operateur	[radio-operatøər]
scout (searcher)	verkenner	[ferkɛnnər]
pioneer (sapper)	sappeur	[sappøər]
marksman	skutter	[skuttər]
navigator	navigator	[nafiχator]

89. Officials. Priests

king	koning	[koniŋ]
queen	koningin	[koniŋin]
prince	prins	[prins]
princess	prinses	[prinsəs]
czar	tsaar	[tsār]
czarina	tsarina	[tsarina]
president	president	[president]
Secretary (minister)	minister	[ministər]
prime minister	eerste minister	[eərstə ministər]
senator	senator	[senator]
diplomat	diplomaat	[diplomāt]
consul	konsul	[kɔŋsul]
ambassador	ambassadeur	[ambassadøər]
counsilor (diplomatic officer)	adviseur	[adfisøər]
official, functionary (civil servant)	amptenaar	[amptənar]
prefect	prefek	[prefek]
mayor	burgermeester	[burgər·meəstər]
judge	regter	[reχtər]
prosecutor (e.g., district attorney)	aanklaer	[ānklaer]

missionary	sendeling	[sendəliŋ]
monk	monnik	[monnik]
abbot	ab	[ap]
rabbi	rabbi	[rabbi]

vizier	visier	[fisir]
shah	sjah	[ʃah]
sheikh	sjeik	[ʃæjk]

90. Agricultural professions

beekeeper	byeboer	[bajebur]
herder, shepherd	herder	[herdər]
agronomist	landboukundige	[landbæʊ·kundiχə]
cattle breeder	veeteler	[feə·telər]
veterinarian	veearts	[feə·arts]

farmer	boer	[bur]
winemaker	wynmaker	[vajn·makər]
zoologist	dierkundige	[dir·kundiχə]
cowboy	cowboy	[kovboj]

91. Art professions

| actor | akteur | [aktøər] |
| actress | aktrise | [aktrisə] |

| singer (masc.) | sanger | [saŋər] |
| singer (fem.) | sangeres | [saŋəres] |

| dancer (masc.) | danser | [daŋsər] |
| dancer (fem.) | danseres | [daŋsəres] |

| performer (masc.) | verhoogkunstenaar | [ferhoəχ·kunstənār] |
| performer (fem.) | verhoogkunstenares | [ferhoəχ·kunstənares] |

musician	musikant	[musikant]
pianist	pianis	[pianis]
guitar player	kitaarspeler	[kitār·spelər]

conductor (orchestra ~)	dirigent	[diriχent]
composer	komponis	[komponis]
impresario	impresario	[impresario]

film director	filmregisseur	[film·reχissøər]
producer	produsent	[produsent]
scriptwriter	draaiboekskrywer	[drājbuk·skrajvər]
critic	kritikus	[kritikus]

writer	skrywer	[skrajvər]
poet	digter	[diχtər]
sculptor	beeldhouer	[beəldhæʊər]
artist (painter)	kunstenaar	[kunstenãr]

juggler	jongleur	[jonχløər]
clown	hanswors	[haŋswors]
acrobat	akrobaat	[akrobãt]
magician	goëlaar	[χoɛlãr]

92. Various professions

doctor	dokter	[doktər]
nurse	verpleegster	[ferpleəχ·stər]
psychiatrist	psigiater	[psiχiatər]
dentist	tandarts	[tand·arts]
surgeon	chirurg	[ʃiruʀχ]

astronaut	astronout	[astronæʊt]
astronomer	astronoom	[astronoəm]
pilot	piloot	[piloət]

driver (of taxi, etc.)	bestuurder	[bestɪrdər]
engineer (train driver)	treindrywer	[træjn·drajvər]
mechanic	werktuigkundige	[verktœiχ·kundiχə]

miner	mynwerker	[majn·werkər]
worker	werker	[verkər]
locksmith	slotmaker	[slot·makər]
joiner (carpenter)	skrynwerker	[skrajn·werkər]
turner (lathe machine operator)	draaibankwerker	[drãjbank·werkər]
construction worker	bouwerker	[bæʊ·verkər]
welder	sweiser	[swæjsər]

professor (title)	professor	[profɛssor]
architect	argitek	[arχitek]
historian	historikus	[historikus]
scientist	wetenskaplike	[vetɛŋskaplikə]
physicist	fisikus	[fisikus]
chemist (scientist)	skeikundige	[skæjkundiχə]

archeologist	argeoloog	[arχeoloəχ]
geologist	geoloog	[χeoloəχ]
researcher (scientist)	navorser	[naforsər]

babysitter	babasitter	[babasittər]
teacher, educator	onderwyser	[ondərwajsər]
editor	redakteur	[redaktøər]
editor-in-chief	hoofredakteur	[hoəf·redaktøər]

| correspondent | korrespondent | [korrespondɛnt] |
| typist (fem.) | tikster | [tikstər] |

designer	ontwerper	[ontwerpər]
computer expert	rekenaarkenner	[rekənār·kɛnnər]
programmer	programmeur	[proxrammøər]
engineer (designer)	ingenieur	[inχeniøər]

sailor	matroos	[matroəs]
seaman	seeman	[seəman]
rescuer	redder	[rɛddər]

fireman	brandweerman	[brantveər·man]
police officer	polisieman	[polisi·man]
watchman	bewaker	[bevakər]
detective	speurder	[spøərdər]

customs officer	doeanebeampte	[duanə·beamptə]
bodyguard	lyfwag	[lajf·waχ]
prison guard	tronkbewaarder	[tronk·bevārdər]
inspector	inspekteur	[inspektøər]

sportsman	sportman	[sportman]
trainer, coach	breier	[bræjer]
butcher	slagter	[slaχtər]
cobbler (shoe repairer)	skoenmaker	[skun·makər]
merchant	handelaar	[handəlār]
loader (person)	laaier	[lājer]

| fashion designer | modeontwerper | [modə·ontwerpər] |
| model (fem.) | model | [modəl] |

93. Occupations. Social status

| schoolboy | skoolseun | [skoəl·søən] |
| student (college ~) | student | [student] |

philosopher	filosoof	[filosoəf]
economist	ekonoom	[ɛkonoəm]
inventor	uitvinder	[œitfindər]

unemployed (n)	werkloos	[verkloəs]
retiree	pensioentrekker	[pɛnsiun·trɛkkər]
spy, secret agent	spioen	[spiun]

prisoner	gevangene	[χefaŋənə]
striker	staker	[stakər]
bureaucrat	burokraat	[burokrāt]
traveler (globetrotter)	reisiger	[ræjsiχər]
gay, homosexual (n)	gay	[χaaj]

hacker	**kuberkraker**	[kubər·krakər]
hippie	**hippie**	[hippi]
bandit	**bandiet**	[bandit]
hit man, killer	**huurmoordenaar**	[hɪr·moərdenãr]
drug addict	**dwelmslaaf**	[dwɛlm·slãf]
drug dealer	**dwelmhandelaar**	[dwɛlm·handəlãr]
prostitute (fem.)	**prostituut**	[prostitɪt]
pimp	**pooier**	[pojer]
sorcerer	**towenaar**	[tovenãr]
sorceress (evil ~)	**heks**	[heks]
pirate	**piraat, seerower**	[pirãt], [see·rovər]
slave	**slaaf**	[slãf]
samurai	**samoerai**	[samuraj]
savage (primitive)	**wilde**	[vildə]

Education

94. School

English	Afrikaans	Pronunciation
school	skool	[skoəl]
principal (headmaster)	prinsipaal	[prinsipāl]
pupil (boy)	leerder	[leərdər]
pupil (girl)	leerder	[leərdər]
schoolboy	skoolseun	[skoəl·søən]
schoolgirl	skooldogter	[skoəl·doχtər]
to teach (sb)	leer	[leər]
to learn (language, etc.)	leer	[leər]
to learn by heart	van buite leer	[fan bœitə leər]
to learn (~ to count, etc.)	leer	[leər]
to be in school	op skool wees	[op skoəl veəs]
to go to school	skooltoe gaan	[skoəltu χān]
alphabet	alfabet	[alfabet]
subject (at school)	vak	[fak]
classroom	klaskamer	[klas·kamər]
lesson	les	[les]
recess	pouse	[pæʊsə]
school bell	skoolbel	[skoəl·bəl]
school desk	skoolbank	[skoəl·bank]
chalkboard	bord	[bort]
grade	simbool	[simboəl]
good grade	goeie punt	[χuje punt]
bad grade	slegte punt	[sleχtə punt]
mistake, error	fout	[fæʊt]
to make mistakes	foute maak	[fæʊtə māk]
to correct (an error)	korrigeer	[korriχeər]
cheat sheet	afskryfbriefie	[afskrajf·brifi]
homework	huiswerk	[hœis·werk]
exercise (in education)	oefening	[ufeniŋ]
to be present	aanwesig wees	[ānwesəχ veəs]
to be absent	afwesig wees	[afwesəχ veəs]
to miss school	stokkies draai	[stokkis drāj]
to punish (vt)	straf	[straf]

| punishment | straf | [straf] |
| conduct (behavior) | gedrag | [χedraχ] |

report card	rapport	[rapport]
pencil	potlood	[potloət]
eraser	uitveër	[œitfeɛr]
chalk	kryt	[krajt]
pencil case	potloodsakkie	[potloət·sakki]

schoolbag	boekesak	[bukə·sak]
pen	pen	[pen]
school notebook	skryfboek	[skrajf·buk]
textbook	handboek	[hand·buk]
compasses	passer	[passər]

| to make technical drawings | tegniese tekeninge maak | [teχnisə tekənikə māk] |
| technical drawing | tegniese tekening | [teχnisə tekəniŋ] |

poem	gedig	[χedəχ]
by heart (adv)	van buite	[fan bœitə]
to learn by heart	van buite leer	[fan bœitə leər]

school vacation	skoolvakansie	[skoəl·fakaŋsi]
to be on vacation	met vakansie wees	[met fakaŋsi veəs]
to spend one's vacation	jou vakansie deurbring	[jæʊ fakaŋsi døərbriŋ]

test (written math ~)	toets	[tuts]
essay (composition)	opstel	[opstəl]
dictation	diktee	[dikteə]
exam (examination)	eksamen	[ɛksamen]
experiment (e.g., chemistry ~)	eksperiment	[ɛksperiment]

95. College. University

academy	akademie	[akademi]
university	universiteit	[unifersitæjt]
faculty (e.g., ~ of Medicine)	fakulteit	[fakultæjt]

student (masc.)	student	[student]
student (fem.)	student	[student]
lecturer (teacher)	lektor	[lektor]

lecture hall, room	lesingsaal	[lesiŋ·sāl]
graduate	gegradueerde	[χeχradueərdə]
diploma	sertifikaat	[sertifikāt]
dissertation	proefskrif	[prufskrif]
study (report)	navorsing	[naforsiŋ]

laboratory	laboratorium	[laboratorium]
lecture	lesing	[lesiŋ]
coursemate	medestudent	[medə·student]
scholarship	beurs	[bøərs]
academic degree	akademiese graad	[akademisə χrāt]

96. Sciences. Disciplines

mathematics	wiskunde	[viskundə]
algebra	algebra	[alχebra]
geometry	meetkunde	[meetkundə]
astronomy	astronomie	[astronomi]
biology	biologie	[bioloχi]
geography	geografie	[χeoχrafi]
geology	geologie	[χeoloχi]
history	geskiedenis	[χeskidenis]
medicine	geneeskunde	[χenees·kundə]
pedagogy	pedagogie	[pedaχoχi]
law	regte	[reχtə]
physics	fisika	[fisika]
chemistry	chemie	[χemi]
philosophy	filosofie	[filosofi]
psychology	sielkunde	[silkundə]

97. Writing system. Orthography

grammar	grammatika	[χrammatika]
vocabulary	woordeskat	[voərdeskat]
phonetics	fonetika	[fonetika]
noun	selfstandige naamwoord	[sɛlfstandiχə nāmwoərt]
adjective	byvoeglike naamwoord	[bajfuχlikə nāmvoərt]
verb	werkwoord	[verk·woərt]
adverb	bijwoord	[bij·woərt]
pronoun	voornaamwoord	[foərnām·voərt]
interjection	tussenwerpsel	[tussən·werpsəl]
preposition	voorsetsel	[foərsetsəl]
root	stam	[stam]
ending	agtervoegsel	[aχtər·fuχsəl]
prefix	voorvoegsel	[foər·fuχsəl]
syllable	lettergreep	[lɛttər·χreəp]
suffix	agtervoegsel, suffiks	[aχtər·fuχsəl], [suffiks]

English	Afrikaans	IPA
stress mark	klemteken	[klem·tekən]
apostrophe	afkappingsteken	[afkappiŋs·tekən]
period, dot	punt	[punt]
comma	komma	[komma]
semicolon	kommapunt	[komma·punt]
colon	dubbelpunt	[dubbəl·punt]
ellipsis	beletselteken	[beletsəl·tekən]
question mark	vraagteken	[frãχ·tekən]
exclamation point	uitroepteken	[œitrup·tekən]
quotation marks	aanhalingstekens	[ãnhaliŋs·tekəŋs]
in quotation marks	tussen aanhalingstekens	[tussən ãnhaliŋs·tekəŋs]
parenthesis	hakies	[hakis]
in parenthesis	tussen hakies	[tussən hakis]
hyphen	koppelteken	[koppəl·tekən]
dash	strepie	[strepi]
space (between words)	spasie	[spasi]
letter	letter	[lɛttər]
capital letter	hoofletter	[hoəf·lɛttər]
vowel (n)	klinker	[klinkər]
consonant (n)	konsonant	[kɔŋsonant]
sentence	sin	[sin]
subject	onderwerp	[ondərwerp]
predicate	predikaat	[predikãt]
line	reël	[reɛl]
paragraph	paragraaf	[paraχrãf]
word	woord	[voərt]
group of words	woordgroep	[voərt·χrup]
expression	uitdrukking	[œitdrukkiŋ]
synonym	sinoniem	[sinonim]
antonym	antoniem	[antonim]
rule	reël	[reɛl]
exception	uitsondering	[œitsondəriŋ]
correct (adj)	korrek	[korrek]
conjugation	vervoeging	[ferfuχiŋ]
declension	verbuiging	[ferbœəχiŋ]
nominal case	naamval	[nãmfal]
question	vraag	[frãχ]
to underline (vt)	onderstreep	[ondərstreəp]
dotted line	stippellyn	[stippəl·lajn]

98. Foreign languages

language	taal	[tāl]
foreign (adj)	vreemd	[freəmt]
foreign language	vreemde taal	[freəmdə tāl]
to study (vt)	studeer	[studeər]
to learn (language, etc.)	leer	[leər]
to read (vi, vt)	lees	[lees]
to speak (vi, vt)	praat	[prāt]
to understand (vt)	verstaan	[ferstān]
to write (vt)	skryf	[skrajf]
fast (adv)	vinnig	[finnəχ]
slowly (adv)	stadig	[stadəχ]
fluently (adv)	vlot	[flot]
rules	reëls	[reɛls]
grammar	grammatika	[χrammatika]
vocabulary	woordeskat	[voərdeskat]
phonetics	fonetika	[fonetika]
textbook	handboek	[hand·buk]
dictionary	woordeboek	[voərdə·buk]
teach-yourself book	selfstudie boek	[sɛlfstudi buk]
phrasebook	taalgids	[tāl·χids]
cassette, tape	kasset	[kasset]
videotape	videoband	[video·bant]
CD, compact disc	CD	[se·de]
DVD	DVD	[de·fe·de]
alphabet	alfabet	[alfabet]
to spell (vt)	spel	[spel]
pronunciation	uitspraak	[œitsprāk]
accent	aksent	[aksent]
word	woord	[voərt]
meaning	betekenis	[betekənis]
course (e.g., a French ~)	kursus	[kursus]
to sign up	inskryf	[inskrajf]
teacher	onderwyser	[ondərwajsər]
translation (process)	vertaling	[fertaliŋ]
translation (text, etc.)	vertaling	[fertaliŋ]
translator	vertaler	[fertalər]
interpreter	tolk	[tolk]
polyglot	poliglot	[poliχlot]
memory	geheue	[χəhøə]

Rest. Entertainment. Travel

99. Trip. Travel

tourism, travel	toerisme	[turismə]
tourist	toeris	[turis]
trip, voyage	reis	[ræjs]
adventure	avontuur	[afontɪr]
trip, journey	reis	[ræjs]
vacation	vakansie	[fakaŋsi]
to be on vacation	met vakansie wees	[met fakaŋsi veəs]
rest	rus	[rus]
train	trein	[træjn]
by train	per trein	[pər træjn]
airplane	vliegtuig	[fliχtœiχ]
by airplane	per vliegtuig	[pər fliχtœiχ]
by car	per motor	[pər motor]
by ship	per skip	[pər skip]
luggage	bagasie	[baχasi]
suitcase	tas	[tas]
luggage cart	bagasiekarretjie	[baχasi·karrəki]
passport	paspoort	[paspoərt]
visa	visum	[fisum]
ticket	kaartjie	[kārki]
air ticket	lugkaartjie	[luχ·kārki]
guidebook	reisgids	[ræjsχids]
map (tourist ~)	kaart	[kārt]
area (rural ~)	gebied	[χebit]
place, site	plek	[plek]
exotica (n)	eksotiese dinge	[ɛksotisə diŋə]
exotic (adj)	eksoties	[ɛksotis]
amazing (adj)	verbasend	[ferbasent]
group	groep	[χrup]
excursion, sightseeing tour	uitstappie	[œitstappi]
guide (person)	gids	[χids]

100. Hotel

hotel	hotel	[hotəl]
motel	motel	[motəl]
three-star (~ hotel)	drie-ster	[dri-stər]
five-star	vyf-ster	[fajf-stər]
to stay (in a hotel, etc.)	oornag	[oərnaχ]
room	kamer	[kamər]
single room	enkelkamer	[ɛnkəl·kamər]
double room	dubbelkamer	[dubbəl·kamər]
half board	met aandete, bed en ontbyt	[met āndetə], [bet en ontbajt]
full board	volle losies	[follə losis]
with bath	met bad	[met bat]
with shower	met stortbad	[met stort·bat]
satellite television	satelliet-TV	[satɛllit-te·fe]
air-conditioner	lugversorger	[luχfersorχər]
towel	handdoek	[handduk]
key	sleutel	[sløətəl]
administrator	bestuurder	[bestɪrdər]
chambermaid	kamermeisie	[kamər·mæjsi]
porter, bellboy	hoteljoggie	[hotəl·joχi]
doorman	portier	[portir]
restaurant	restaurant	[restɔurant]
pub, bar	kroeg	[kruχ]
breakfast	ontbyt	[ontbajt]
dinner	aandete	[āndetə]
buffet	buffetete	[buffetetə]
lobby	voorportaal	[foər·portāl]
elevator	hysbak	[hajsbak]
DO NOT DISTURB	MOENIE STEUR NIE	[muni støər ni]
NO SMOKING	ROOK VERBODE	[roək ferbodə]

TECHNICAL EQUIPMENT. TRANSPORTATION

Technical equipment

101. Computer

computer	rekenaar	[rekənār]
notebook, laptop	skootrekenaar	[skoət·rekənār]
to turn on	aanskakel	[āŋskakəl]
to turn off	afskakel	[afskakəl]
keyboard	toetsbord	[tuts·bort]
key	toets	[tuts]
mouse	muis	[mœis]
mouse pad	muismatjie	[mœis·maki]
button	knop	[knop]
cursor	loper	[lopər]
monitor	monitor	[monitor]
screen	skerm	[skerm]
hard disk	harde skyf	[hardə skajf]
hard disk capacity	harde skyf se vermoë	[hardə skajf sə fermoɛ]
memory	geheue	[χəhøə]
random access memory	RAM-geheue	[ram-χehøəə]
file	lêer	[lɛər]
folder	gids	[χids]
to open (vt)	oopmaak	[oəpmāk]
to close (vt)	sluit	[slœit]
to save (vt)	bewaar	[bevār]
to delete (vt)	uitvee	[œitfeə]
to copy (vt)	kopieer	[kopir]
to sort (vt)	sorteer	[sorteər]
to transfer (copy)	oorplaas	[oərplās]
program	program	[proχram]
software	sagteware	[saχtevarə]
programmer	programmeur	[proχrammøər]
to program (vt)	programmeer	[proχrammeər]
hacker	kuberkraker	[kubər·krakər]
password	wagwoord	[vaχ·woərt]

virus	**virus**	[firus]
to find, to detect	**opspoor**	[opspoər]
byte	**greep**	[χreəp]
megabyte	**megagreep**	[meχaχreəp]
data	**data**	[data]
database	**databasis**	[data·basis]
cable (USB, etc.)	**kabel**	[kabəl]
to disconnect (vt)	**ontkoppel**	[ontkoppəl]
to connect (sth to sth)	**konnekteer**	[konnekteər]

102. Internet. E-mail

Internet	**internet**	[internet]
browser	**webblaaier**	[veb·blãjer]
search engine	**soekenjin**	[suk·ɛndʒin]
provider	**verskaffer**	[ferskaffər]
webmaster	**webmeester**	[veb·meəstər]
website	**webwerf**	[veb·werf]
webpage	**webblad**	[veb·blat]
address (e-mail ~)	**adres**	[adres]
address book	**adresboek**	[adres·buk]
mailbox	**posbus**	[pos·bus]
mail	**pos**	[pos]
full (adj)	**vol**	[fol]
message	**boodskap**	[boədskap]
incoming messages	**inkomende boodskappe**	[inkomendə boədskappə]
outgoing messages	**uitgaande boodskappe**	[œitχãndə boədskappə]
sender	**sender**	[sendər]
to send (vt)	**verstuur**	[ferstɪr]
sending (of mail)	**versending**	[fersendiŋ]
receiver	**ontvanger**	[ontfaŋər]
to receive (vt)	**ontvang**	[ontfaŋ]
correspondence	**korrespondensie**	[korrespondɛŋsi]
to correspond (vi)	**korrespondeer**	[korrespondeər]
file	**lêer**	[lɛər]
to download (vt)	**aflaai**	[aflãi]
to create (vt)	**skep**	[skep]
to delete (vt)	**uitvee**	[œitfeə]
deleted (adj)	**uitgevee**	[œitχefeə]

connection (ADSL, etc.)	konneksie	[kɔnneksi]
speed	spoed	[sput]
modem	modem	[modem]
access	toegang	[tuχaŋ]
port (e.g., input ~)	portaal	[pɔrtāl]

| connection (make a ~) | aansluiting | [āŋslœitiŋ] |
| to connect to ... (vi) | aansluit by ... | [āŋslœit baj ...] |

| to select (vt) | kies | [kis] |
| to search (for ...) | soek | [suk] |

103. Electricity

electricity	elektrisiteit	[ɛlektrisitæjt]
electric, electrical (adj)	elektries	[ɛlektris]
electric power plant	kragstasie	[kraχ·stasi]
energy	krag	[kraχ]
electric power	elektriese krag	[ɛlektrisə kraχ]

light bulb	gloeilamp	[χlui·lamp]
flashlight	flits	[flits]
street light	straatlig	[strātləχ]

light	lig	[liχ]
to turn on	aanskakel	[āŋskakəl]
to turn off	afskakel	[afskakəl]
to turn off the light	die lig afskakel	[di liχ afskakəl]

to burn out (vi)	doodbrand	[doədbrant]
short circuit	kortsluiting	[kort·slœitiŋ]
broken wire	gebreekte kabel	[χebreəktə kabəl]
contact (electrical ~)	kontak	[kɔntak]

light switch	ligskakelaar	[liχ·skakelār]
wall socket	muurprop	[mɪrprop]
plug	prop	[prop]
extension cord	verlengkabel	[ferleŋ·kabəl]

fuse	sekering	[sekəriŋ]
cable, wire	kabel	[kabəl]
wiring	bedrading	[bedradiŋ]

ampere	ampère	[ampɛ:r]
amperage	stroomsterkte	[stroəm·sterktə]
volt	volt	[fɔlt]
voltage	spanning	[spanniŋ]

| electrical device | elektriese toestel | [ɛlektrisə tustəl] |
| indicator | aanduier | [āndœiər] |

English	Afrikaans	Pronunciation
electrician	elektrisiën	[ɛlektrisiɛn]
to solder (vt)	soldeer	[soldeər]
soldering iron	soldeerbout	[soldeər·bæʊt]
electric current	elektriese stroom	[ɛlektrisə stroəm]

104. Tools

English	Afrikaans	Pronunciation
tool, instrument	werktuig	[verktœix]
tools	gereedskap	[χereədskap]
equipment (factory ~)	toerusting	[turustiŋ]
hammer	hamer	[hamər]
screwdriver	skroewedraaier	[skruvə·drājer]
ax	byl	[bajl]
saw	saag	[sāχ]
to saw (vt)	saag	[sāχ]
plane (tool)	skaaf	[skāf]
to plane (vt)	skaaf	[skāf]
soldering iron	soldeerbout	[soldeər·bæʊt]
to solder (vt)	soldeer	[soldeər]
file (tool)	vyl	[fajl]
carpenter pincers	knyptang	[knajptaŋ]
lineman's pliers	tang	[taŋ]
chisel	beitel	[bæjtəl]
drill bit	boor	[boər]
electric drill	elektriese boor	[ɛlektrisə boər]
to drill (vi, vt)	boor	[boər]
knife	mes	[mes]
pocket knife	sakmes	[sakmes]
blade	lem	[lem]
sharp (blade, etc.)	skerp	[skerp]
dull, blunt (adj)	stomp	[stomp]
to get blunt (dull)	stomp raak	[stomp rāk]
to sharpen (vt)	slyp	[slajp]
bolt	bout	[bæʊt]
nut	moer	[mur]
thread (of a screw)	draad	[drāt]
wood screw	houtskroef	[hæʊt·skruf]
nail	spyker	[spajkər]
nailhead	kop	[kop]
ruler (for measuring)	meetlat	[meətlat]
tape measure	meetband	[meət·bant]

spirit level	waterpas	[vatərpas]
magnifying glass	vergrootglas	[ferχroət·χlas]
measuring instrument	meetinstrument	[meət·instrument]
to measure (vt)	meet	[meət]
scale (of thermometer, etc.)	skaal	[skāl]
readings	lesings	[lesiŋs]
compressor	kompressor	[komprɛssor]
microscope	mikroskoop	[mikroskoəp]
pump (e.g., water ~)	pomp	[pomp]
robot	robot	[robot]
laser	laser	[lasər]
wrench	moersleutel	[mur·sløətəl]
adhesive tape	plakband	[plak·bant]
glue	gom	[χom]
sandpaper	skuurpapier	[skɪr·papir]
spring	veer	[feər]
magnet	magneet	[maχneət]
gloves	handskoene	[handskunə]
rope	tou	[tæʊ]
cord	tou	[tæʊ]
wire (e.g., telephone ~)	draad	[drāt]
cable	kabel	[kabəl]
sledgehammer	voorhamer	[foər·hamər]
prybar	breekyster	[breəkajstər]
ladder	leer	[leər]
stepladder	trapleer	[trapleər]
to screw (tighten)	vasskroef	[fasskruf]
to unscrew (lid, filter, etc.)	losskroef	[losskruf]
to tighten (e.g., with a clamp)	saampars	[sāmpars]
to glue, to stick	vasplak	[fasplak]
to cut (vt)	sny	[snaj]
malfunction (fault)	fout	[fæʊt]
repair (mending)	herstelwerk	[herstəl·werk]
to repair, to fix (vt)	herstel	[herstəl]
to adjust (machine, etc.)	stel	[stəl]
to check (to examine)	nagaan	[naχān]
checking	kontrole	[kontrolə]
readings	lesings	[lesiŋs]
reliable, solid (machine)	betroubaar	[betræʊbār]
complex (adj)	ingewikkelde	[inχəwikkɛldə]

to rust (get rusted)	**roes**	[rus]
rusty, rusted (adj)	**verroes**	[ferrus]
rust	**roes**	[rus]

Transportation

105. Airplane

airplane	vliegtuig	[flixtœix]
air ticket	lugkaartjie	[lux·kārki]
airline	lugredery	[luxrederaj]
airport	lughawe	[luxhavə]
supersonic (adj)	supersonies	[supersonis]
captain	kaptein	[kaptæjn]
crew	bemanning	[bemanniŋ]
pilot	piloot	[piloət]
flight attendant (fem.)	lugwaardin	[lux·wārdin]
navigator	navigator	[nafixator]
wings	vlerke	[flerkə]
tail	stert	[stert]
cockpit	stuurkajuit	[stɪr·kajœit]
engine	enjin	[ɛndʒin]
undercarriage (landing gear)	landingstel	[landiŋ·stəl]
turbine	turbine	[turbinə]
propeller	skroef	[skruf]
black box	swart boks	[swart boks]
yoke (control column)	stuurstang	[stɪr·staŋ]
fuel	brandstof	[brantstof]
safety card	veiligheidskaart	[fæjlixæjts·kārt]
oxygen mask	suurstofmasker	[sɪrstof·maskər]
uniform	uniform	[uniform]
life vest	reddingsbaadjie	[rɛddiŋs·bādʒi]
parachute	valskerm	[fal·skerm]
takeoff	opstyging	[opstajxiŋ]
to take off (vi)	opstyg	[opstajx]
runway	landingsbaan	[landiŋs·bān]
visibility	uitsig	[œitsəx]
flight (act of flying)	vlug	[flux]
altitude	hoogte	[hoəxtə]
air pocket	lugsak	[luxsak]
seat	sitplek	[sitplek]
headphones	koptelefoon	[kop·telefoən]

folding tray (tray table)	voutafeltjie	[fæʊ·tafɛlki]
airplane window	vliegtuigvenster	[fliχtœiχ·fɛŋstər]
aisle	paadjie	[pādʒi]

106. Train

train	trein	[træjn]
commuter train	voorstedelike trein	[foərstedelikə træjn]
express train	sneltrein	[snɛl·træjn]
diesel locomotive	diesellokomotief	[disəl·lokomotif]
steam locomotive	stoomlokomotief	[stoəm·lokomotif]

| passenger car | passasierswa | [passasirs·wa] |
| dining car | eetwa | [eət·wa] |

rails	spoorstawe	[spoər·stavə]
railroad	spoorweg	[spoər·weχ]
railway tie	dwarslëer	[dwarslɛer]

platform (railway ~)	perron	[perron]
track (~ 1, 2, etc.)	spoor	[spoər]
semaphore	semafoor	[semafoər]
station	stasie	[stasi]

engineer (train driver)	treindrywer	[træjn·drajvər]
porter (of luggage)	portier	[portir]
car attendant	kondukteur	[konduktøər]
passenger	passasier	[passasir]
conductor (ticket inspector)	kondukteur	[konduktøər]

| corridor (in train) | gang | [χaŋ] |
| emergency brake | noodrem | [noədrem] |

compartment	kompartiment	[kompartiment]
berth	bed	[bet]
upper berth	boonste bed	[boəŋstə bet]
lower berth	onderste bed	[ondərstə bet]
bed linen, bedding	beddegoed	[beddə·χut]

ticket	kaartjie	[kārki]
schedule	diensrooster	[diŋs·roəstər]
information display	informasiebord	[informasi·bort]

to leave, to depart	vertrek	[fertrek]
departure (of train)	vertrek	[fertrek]
to arrive (ab. train)	aankom	[ānkom]
arrival	aankoms	[ānkoms]
to arrive by train	aankom per trein	[ānkom pər træjn]
to get on the train	in die trein klim	[in di træjn klim]

to get off the train	uit die trein klim	[œit di træjn klim]
train wreck	treinbotsing	[træjn·botsiŋ]
to derail (vi)	ontspoor	[ontspoər]

steam locomotive	stoomlokomotief	[stoəm·lokomotif]
stoker, fireman	stoker	[stokər]
firebox	stookplek	[stoəkplek]
coal	steenkool	[steən·koəl]

107. Ship

| ship | skip | [skip] |
| vessel | vaartuig | [fārtœix̠] |

steamship	stoomboot	[stoəm·boət]
riverboat	rivierboot	[rifir·boət]
cruise ship	toerskip	[tur·skip]
cruiser	kruiser	[krœisər]

yacht	jag	[jax̠]
tugboat	sleepboot	[sleəp·boət]
barge	vragskuit	[frax̠·skœit]
ferry	veerboot	[feər·boət]

| sailing ship | seilskip | [sæjl·skip] |
| brigantine | skoenerbrik | [skunər·brik] |

| ice breaker | ysbreker | [ajs·brekər] |
| submarine | duikboot | [dœik·boət] |

boat (flat-bottomed ~)	roeiboot	[ruiboət]
dinghy	bootjie	[boəki]
lifeboat	reddingsboot	[rɛddiŋs·boət]
motorboat	motorboot	[motor·boət]

captain	kaptein	[kaptæjn]
seaman	seeman	[seəman]
sailor	matroos	[matroəs]
crew	bemanning	[bemanniŋ]

boatswain	bootsman	[boətsman]
ship's boy	skeepsjonge	[skeəps·joŋə]
cook	kok	[kok]
ship's doctor	skeepsdokter	[skeəps·doktər]

deck	dek	[dek]
mast	mas	[mas]
sail	seil	[sæjl]
hold	skeepsruim	[skeəps·rœim]
bow (prow)	boeg	[bux̠]

English	Afrikaans	Pronunciation
stern	agterstewe	[aχtərstevə]
oar	roeispaan	[ruis·pān]
screw propeller	skroef	[skruf]
cabin	kajuit	[kajœit]
wardroom	offisierskajuit	[offisirs·kajœit]
engine room	enjinkamer	[ɛndʒin·kamər]
bridge	brug	[bruχ]
radio room	radiokamer	[radio·kamər]
wave (radio)	golf	[χolf]
logbook	logboek	[loχbuk]
spyglass	verkyker	[ferkajkər]
bell	bel	[bəl]
flag	vlag	[flaχ]
hawser (mooring ~)	kabel	[kabəl]
knot (bowline, etc.)	knoop	[knoəp]
deckrails	dekleuning	[dek·løəniŋ]
gangway	gangplank	[χaŋ·plank]
anchor	anker	[ankər]
to weigh anchor	anker lig	[ankər ləχ]
to drop anchor	anker uitgooi	[ankər œitχoj]
anchor chain	ankerketting	[ankər·kɛttiŋ]
port (harbor)	hawe	[havə]
quay, wharf	kaai	[kāi]
to berth (moor)	vasmeer	[fasmeer]
to cast off	vertrek	[fertrek]
trip, voyage	reis	[ræjs]
cruise (sea trip)	cruise	[kru:s]
course (route)	koers	[kurs]
route (itinerary)	roete	[rutə]
fairway (safe water channel)	vaarwater	[fār·vatər]
shallows	sandbank	[sand·bank]
to run aground	strand	[strant]
storm	storm	[storm]
signal	sienjaal	[sinjāl]
to sink (vi)	sink	[sink]
Man overboard!	Man oorboord!	[man oərboerd!]
SOS (distress signal)	SOS	[sos]
ring buoy	reddingsboei	[rɛddiŋs·bui]

108. Airport

airport	lughawe	[luχhavə]
airplane	vliegtuig	[fliχtœiχ]
airline	lugredery	[luχrederaj]
air traffic controller	lugverkeersleier	[luχ·ferkeers·læjer]
departure	vertrek	[fertrek]
arrival	aankoms	[ānkoms]
to arrive (by plane)	aankom	[ānkom]
departure time	vertrektyd	[fertrək·tajt]
arrival time	aankomstyd	[ānkoms·tajt]
to be delayed	vertraag wees	[fertrāχ veəs]
flight delay	vlugvertraging	[fluχ·fertraχiŋ]
information board	informasiebord	[informasi·bort]
information	informasie	[informasi]
to announce (vt)	aankondig	[ānkondəχ]
flight (e.g., next ~)	vlug	[fluχ]
customs	doeane	[duanə]
customs officer	doeanebeampte	[duanə·beamptə]
customs declaration	doeaneverklaring	[duanə·ferklariŋ]
to fill out (vt)	invul	[inful]
passport control	paspoortkontrole	[paspoərt·kontrolə]
luggage	bagasie	[baχasi]
hand luggage	handbagasie	[hand·baχasi]
luggage cart	bagasiekarretjie	[baχasi·karrəki]
landing	landing	[landiŋ]
landing strip	landingsbaan	[landiŋs·bān]
to land (vi)	land	[lant]
airstairs	vliegtuigtrap	[fliχtœiχ·trap]
check-in	na die vertrektoonbank	[na di fertrək·toənbank]
check-in counter	vertrektoonbank	[fertrək·toənbank]
to check-in (vi)	na die vertrektoonbank gaan	[na di fertrək·toənbank χān]
boarding pass	instapkaart	[instap·kārt]
departure gate	vertrekuitgang	[fertrek·œitχaŋ]
transit	transito	[traŋsito]
to wait (vt)	wag	[vaχ]
departure lounge	vertreksaal	[fertrək·sāl]
to see off	afsien	[afsin]
to say goodbye	afskeid neem	[afskæjt neəm]

Life events

109. Holidays. Event

English	Afrikaans	IPA
celebration, holiday	partytjie	[partajki]
national day	nasionale dag	[naʃionalə daχ]
public holiday	openbare vakansiedag	[openbarə fakaŋsi·daχ]
to commemorate (vt)	herdenk	[herdenk]
event (happening)	gebeurtenis	[χebøərtenis]
event (organized activity)	gebeurtenis	[χebøərtenis]
banquet (party)	banket	[banket]
reception (formal party)	onthaal	[onthãl]
feast	feesmaal	[feəs·mãl]
anniversary	verjaardag	[ferjãr·daχ]
jubilee	jubileum	[jubiløəm]
to celebrate (vt)	vier	[fir]
New Year	Nuwejaar	[nuvejãr]
Happy New Year!	Voorspoedige Nuwejaar	[foərspudiχə nuvejãr]
Santa Claus	Kersvader	[kers·fadər]
Christmas	Kersfees	[kersfeəs]
Merry Christmas!	Geseënde Kersfees	[χeseɛndə kersfeɛs]
Christmas tree	Kersboom	[kers·boəm]
fireworks (fireworks show)	vuurwerk	[fɪrwerk]
wedding	bruilof	[brœilof]
groom	bruidegom	[brœidəχom]
bride	bruid	[brœit]
to invite (vt)	uitnooi	[œitnoj]
invitation card	uitnodiging	[œitnodəχiŋ]
guest	gas	[χas]
to visit (~ your parents, etc.)	besoek	[besuk]
to meet the guests	die gaste ontmoet	[di χastə ontmut]
gift, present	present	[present]
to give (sth as present)	gee	[χeə]
to receive gifts	presente ontvang	[presentə ontfaŋ]
bouquet (of flowers)	boeket	[buket]
congratulations	gelukwense	[χelukwɛŋsə]
to congratulate (vt)	gelukwens	[χelukwɛŋs]

greeting card	geleentheidskaartjie	[χeleenthæjts·kārki]
toast	heildronk	[hæjldronk]
to offer (a drink, etc.)	aanbied	[ānbit]
champagne	sjampanje	[ʃampanje]

to enjoy oneself	jouself geniet	[jæʊsɛlf χenit]
merriment (gaiety)	pret	[pret]
joy (emotion)	vreugde	[frøəχdə]

| dance | dans | [daŋs] |
| to dance (vi, vt) | dans | [daŋs] |

| waltz | wals | [vals] |
| tango | tango | [tanχo] |

110. Funerals. Burial

cemetery	begraafplaas	[beχrāf·plās]
grave, tomb	graf	[χraf]
cross	kruis	[krœis]
gravestone	grafsteen	[χrafsteən]
fence	heining	[hæjniŋ]
chapel	kapel	[kapəl]

death	dood	[doət]
to die (vi)	doodgaan	[doədχān]
the deceased	oorledene	[oərledenə]
mourning	rou	[ræʊ]
to bury (vt)	begrawe	[beχravə]
funeral home	begrafnisonderneming	[beχrafnis·ondərnemiŋ]
funeral	begrafnis	[beχrafnis]

wreath	krans	[kraŋs]
casket, coffin	doodskis	[doədskis]
hearse	lykswa	[lajks·wa]
shroud	lykkleed	[lajk·kleət]

funeral procession	begrafnisstoet	[beχrafnis·stut]
funerary urn	urn	[urn]
crematory	krematorium	[krematorium]
obituary	doodsberig	[doəds·berəχ]
to cry (weep)	huil	[hœil]
to sob (vi)	snik	[snik]

111. War. Soldiers

| platoon | peleton | [peleton] |
| company | kompanie | [kompani] |

English	Afrikaans	IPA
regiment	regiment	[reχiment]
army	leër	[leɛr]
division	divisie	[difisi]
section, squad	afdeling	[afdeliŋ]
host (army)	leërskare	[leɛrskarə]
soldier	soldaat	[soldãt]
officer	offisier	[offisir]
private	soldaat	[soldãt]
sergeant	sersant	[sersant]
lieutenant	luitenant	[lœitənant]
captain	kaptein	[kaptæjn]
major	majoor	[majoər]
colonel	kolonel	[kolonəl]
general	generaal	[χenerãl]
sailor	matroos	[matroəs]
captain	kaptein	[kaptæjn]
boatswain	bootsman	[boətsman]
artilleryman	artilleris	[artilleris]
paratrooper	valskermsoldaat	[falskerm·soldãt]
pilot	piloot	[piloət]
navigator	navigator	[nafiχator]
mechanic	werktuigkundige	[verktœiχ·kundiχə]
pioneer (sapper)	sappeur	[sappøər]
parachutist	valskermspringer	[falskerm·spriŋər]
reconnaissance scout	verkenner	[ferkɛnnər]
sniper	skerpskut	[skerp·skut]
patrol (group)	patrollie	[patrolli]
to patrol (vt)	patrolleer	[patrolleər]
sentry, guard	wag	[vaχ]
warrior	vegter	[feχtər]
patriot	patriot	[patriot]
hero	held	[hɛlt]
heroine	heldin	[hɛldin]
traitor	verraaier	[ferrãjer]
to betray (vt)	verraai	[ferrãi]
deserter	droster	[drostər]
to desert (vi)	dros	[dros]
mercenary	huursoldaat	[hɪr·soldãt]
recruit	rekruteer	[rekruteər]
volunteer	vrywilliger	[frajvilliχər]
dead (n)	dooie	[doje]

| wounded (n) | gewonde | [xevondə] |
| prisoner of war | krygsgevangene | [krajxs·xefaŋənə] |

112. War. Military actions. Part 1

war	oorlog	[oərlox]
to be at war	oorlog voer	[oərlox fur]
civil war	burgeroorlog	[burgər·oərlox]

treacherously (adv)	valslik	[falslik]
declaration of war	oorlogsverklaring	[oərloxs·ferklariŋ]
to declare (~ war)	oorlog verklaar	[oərlox ferklãr]
aggression	aggressie	[axrɛssi]
to attack (invade)	aanval	[ãnfal]

to invade (vt)	binneval	[binnəfal]
invader	binnevaller	[binnəfallər]
conqueror	veroweraar	[feroverãr]

defense	verdediging	[ferdedəxiŋ]
to defend (a country, etc.)	verdedig	[ferdedəx]
to defend (against ...)	jouself verdedig	[jæusɛlf ferdedəx]

enemy	vyand	[fajant]
foe, adversary	teëstander	[teɛstandər]
enemy (as adj)	vyandig	[fajandəx]

| strategy | strategie | [stratexi] |
| tactics | taktiek | [taktik] |

order	bevel	[befəl]
command (order)	bevel	[befəl]
to order (vt)	beveel	[befeəl]
mission	opdrag	[opdrax]
secret (adj)	geheim	[xəhæjm]

| battle | veldslag | [fɛltslax] |
| combat | geveg | [xefex] |

attack	aanval	[ãnfal]
charge (assault)	bestorming	[bestormiŋ]
to storm (vt)	bestorm	[bestorm]
siege (to be under ~)	beleg	[belex]

| offensive (n) | aanval | [ãnfal] |
| to go on the offensive | tot die offensief oorgaan | [tot di offɛnsif oərxãn] |

retreat	terugtrekking	[terux·trɛkkiŋ]
to retreat (vi)	terugtrek	[teruxtrek]
encirclement	omsingeling	[omsinxəliŋ]

to encircle (vt)	omsingel	[omsiŋəl]
bombing (by aircraft)	bombardement	[bombardement]
to bomb (vt)	bombardeer	[bombardeər]
explosion	ontploffing	[ontploffiŋ]

| shot | skoot | [skoət] |
| firing (burst of ~) | skiet | [skit] |

to aim (to point a weapon)	mik op	[mik op]
to point (a gun)	rig	[riχ]
to hit (the target)	tref	[tref]

to sink (~ a ship)	sink	[sink]
hole (in a ship)	gat	[χat]
to founder, to sink (vi)	sink	[sink]

front (war ~)	front	[front]
evacuation	evakuasie	[ɛfakuasi]
to evacuate (vt)	evakueer	[ɛfakueər]

trench	loopgraaf	[loəpχrāf]
barbwire	doringdraad	[doriŋ·drāt]
barrier (anti tank ~)	versperring	[fersperriŋ]
watchtower	wagtoring	[vaχ·toriŋ]

military hospital	militêre hospitaal	[militærə hospitāl]
to wound (vt)	wond	[vont]
wound	wond	[vont]

wounded (n)	gewonde	[χevondə]
to be wounded	gewond	[χevont]
serious (wound)	ernstig	[ɛrnstəχ]

113. War. Military actions. Part 2

captivity	gevangenskap	[χefaŋənskap]
to take captive	gevange neem	[χefaŋe neəm]
to be held captive	in gevangenskap wees	[in χefaŋənskap veəs]
to be taken captive	in gevangenskap geneem word	[in χefaŋənskap χeneəm vort]

concentration camp	konsentrasiekamp	[kɔŋsentrasi·kamp]
prisoner of war	krygsgevangene	[krajχs·χefaŋənə]
to escape (vi)	ontsnap	[ontsnap]

to betray (vt)	verraai	[ferrāi]
betrayer	verraaier	[ferrājer]
betrayal	verraad	[ferrāt]
to execute (by firing squad)	eksekuteer	[ɛksekuteər]

English	Afrikaans	IPA
execution (by firing squad)	eksekusie	[ɛksekusi]
equipment (military gear)	toerusting	[turustiŋ]
shoulder board	skouerstrook	[skæʊer·stroek]
gas mask	gasmasker	[χas·maskər]
field radio	veldradio	[fɛlt·radio]
cipher, code	geheime kode	[χəhæjmə kodə]
secrecy	geheimhouding	[χəhæjm·hæʊdiŋ]
password	wagwoord	[vaχ·woərt]
land mine	landmyn	[land·majn]
to mine (road, etc.)	bemyn	[bemajn]
minefield	mynveld	[majn·fɛlt]
air-raid warning	lugalarm	[luχ·alarm]
alarm (alert signal)	alarm	[alarm]
signal	sienjaal	[sinjāl]
signal flare	fakkel	[fakkel]
headquarters	hoofkwartier	[hoef·kwartir]
reconnaissance	verkenningstog	[ferkɛnniŋs·toχ]
situation	toestand	[tustant]
report	verslag	[ferslaχ]
ambush	hinderlaag	[hindər·lāχ]
reinforcement (of army)	versterking	[fersterkiŋ]
target	doel	[dul]
proving ground	proefterrein	[pruf·terræjn]
military exercise	militêre oefening	[militærə ufeniŋ]
panic	paniek	[panik]
devastation	verwoesting	[ferwustiŋ]
destruction, ruins	verwoesting	[ferwustiŋ]
to destroy (vt)	verwoes	[ferwus]
to survive (vi, vt)	oorleef	[oərleef]
to disarm (vt)	ontwapen	[ontvapen]
to handle (~ a gun)	hanteer	[hanteər]
Attention!	Aandag!	[āndaχ!]
At ease!	Op die plek rus!	[op di plek rus!]
act of courage	heldedaad	[hɛldə·dāt]
oath (vow)	eed	[eet]
to swear (an oath)	sweer	[sweər]
decoration (medal, etc.)	dekorasie	[dekorasiə]
to award (give medal to)	toeken	[tuken]
medal	medalje	[medaljə]
order (e.g., ~ of Merit)	orde	[ordə]
victory	oorwinning	[oərwinniŋ]
defeat	nederlaag	[nedərlāχ]

armistice	**wapenstilstand**	[vapɛn·stilstant]
standard (battle flag)	**vaandel**	[fãndəl]
glory (honor, fame)	**roem**	[rum]
parade	**parade**	[paradə]
to march (on parade)	**marseer**	[marseər]

114. Weapons

weapons	**wapens**	[vapɛns]
firearms	**vuurwapens**	[fɪr·vapɛns]
cold weapons (knives, etc.)	**messe**	[mɛssə]

chemical weapons	**chemiese wapens**	[χemisə vapɛns]
nuclear (adj)	**kern-**	[kern-]
nuclear weapons	**kernwapens**	[kern·vapɛns]

bomb	**bom**	[bom]
atomic bomb	**atoombom**	[atoəm·bom]

pistol (gun)	**pistool**	[pistoəl]
rifle	**geweer**	[χeveər]
submachine gun	**aanvalsgeweer**	[ãnvals·χeveər]
machine gun	**masjiengeweer**	[maʃin·χeveər]

muzzle	**loop**	[loəp]
barrel	**loop**	[loəp]
caliber	**kaliber**	[kalibər]

trigger	**sneller**	[snɛllər]
sight (aiming device)	**visier**	[fisir]
magazine	**magasyn**	[maχasajn]
butt (shoulder stock)	**kolf**	[kolf]

hand grenade	**handgranaat**	[hand·χranãt]
explosive	**springstof**	[spriŋstof]

bullet	**koeël**	[kuɛl]
cartridge	**patroon**	[patroən]
charge	**lading**	[ladiŋ]
ammunition	**ammunisie**	[ammunisi]

bomber (aircraft)	**bomwerper**	[bom·werpər]
fighter	**straalvegter**	[strãl·feχtər]
helicopter	**helikopter**	[helikoptər]

anti-aircraft gun	**lugafweer**	[luχafweər]
tank	**tenk**	[tɛnk]
tank gun	**tenkkanon**	[tɛnk·kanon]
artillery	**artillerie**	[artilleri]

English	Afrikaans	Pronunciation
gun (cannon, howitzer)	kanon	[kanon]
to lay (a gun)	aanlê	[ānlɛ:]
shell (projectile)	projektiel	[projektil]
mortar bomb	mortierbom	[mortir·bom]
mortar	mortier	[mortir]
splinter (shell fragment)	skrapnel	[skrapnəl]
submarine	duikboot	[dœik·boət]
torpedo	torpedo	[torpedo]
missile	vuurpyl	[fɪr·pajl]
to load (gun)	laai	[lāi]
to shoot (vi)	skiet	[skit]
to point at (the cannon)	rig op	[riχ op]
bayonet	bajonet	[bajonet]
rapier	rapier	[rapir]
saber (e.g., cavalry ~)	sabel	[sabəl]
spear (weapon)	spies	[spis]
bow	boog	[boəχ]
arrow	pyl	[pajl]
musket	musket	[musket]
crossbow	kruisboog	[krœis·boəχ]

115. Ancient people

English	Afrikaans	Pronunciation
primitive (prehistoric)	primitief	[primitif]
prehistoric (adj)	prehistories	[prehistoris]
ancient (~ civilization)	antiek	[antik]
Stone Age	Steentydperk	[steen·tajtperk]
Bronze Age	Bronstydperk	[brɔŋs·tajtperk]
Ice Age	Ystydperk	[ajs·tajtperk]
tribe	stam	[stam]
cannibal	mensvreter	[mɛŋs·fretər]
hunter	jagter	[jaχtər]
to hunt (vi, vt)	jag	[jaχ]
mammoth	mammoet	[mammut]
cave	grot	[χrot]
fire	vuur	[fɪr]
campfire	kampvuur	[kampfɪr]
cave painting	rotstekening	[rots·tekəniŋ]
tool (e.g., stone ax)	werktuig	[verktœiχ]
spear	spies	[spis]
stone ax	klipbyl	[klip·bajl]
to be at war	oorlog voer	[oərloχ fur]

to domesticate (vt)	tem	[tem]
idol	afgod	[afχot]
to worship (vt)	aanbid	[ānbit]
superstition	bygeloof	[bajχəloəf]
rite	ritueel	[ritueəl]

evolution	evolusie	[ɛfolusi]
development	ontwikkeling	[ontwikkeliŋ]
disappearance (extinction)	verdwyning	[ferdwajniŋ]
to adapt oneself	jou aanpas	[jæʊ ānpas]

archeology	argeologie	[arχeoloχi]
archeologist	argeoloog	[arχeoloəχ]
archeological (adj)	argeologies	[arχeoloχis]

excavation site	opgrawingsplek	[opχraviŋs·plek]
excavations	opgrawingsplekke	[opχraviŋs·plɛkkə]
find (object)	vonds	[fonds]
fragment	fragment	[fraχment]

116. Middle Ages

people (ethnic group)	volk	[folk]
peoples	bevolking	[befolkiŋ]
tribe	stam	[stam]
tribes	stamme	[stammə]

barbarians	barbare	[barbarə]
Gauls	Galliërs	[χalliɛrs]
Goths	Gote	[χote]
Slavs	Slawe	[slavə]
Vikings	Vikings	[vikiŋs]

| Romans | Romeine | [romæjnə] |
| Roman (adj) | Romeins | [romæjns] |

Byzantines	Bisantyne	[bisantajnə]
Byzantium	Bisantium	[bisantium]
Byzantine (adj)	Bisantyns	[bisantajns]

emperor	keiser	[kæjsər]
leader, chief (tribal ~)	leier	[læjer]
powerful (~ king)	magtig	[maχtəχ]
king	koning	[koniŋ]
ruler (sovereign)	heerser	[heərsər]

knight	ridder	[riddər]
feudal lord	feodale heerser	[feodalə heərsər]
feudal (adj)	feodaal	[feodāl]
vassal	vasal	[fasal]

duke	hertog	[hertoχ]
earl	graaf	[χrāf]
baron	baron	[baron]
bishop	biskop	[biskop]
armor	harnas	[harnas]
shield	skild	[skilt]
sword	swaard	[swārt]
visor	visier	[fisir]
chainmail	maliehemp	[mali·hemp]
Crusade	Kruistog	[krœis·toχ]
crusader	kruisvaarder	[krœis·fārdər]
territory	gebied	[χebit]
to attack (invade)	aanval	[ānfal]
to conquer (vt)	verower	[ferovər]
to occupy (invade)	beset	[beset]
siege (to be under ~)	beleg	[beleχ]
besieged (adj)	beleërde	[belɛɛrdə]
to besiege (vt)	beleër	[belɛɛr]
inquisition	inkwisisie	[inkvisisi]
inquisitor	inkwisiteur	[inkvisitøər]
torture	marteling	[martəliŋ]
cruel (adj)	wreed	[vreət]
heretic	ketter	[kɛttər]
heresy	kettery	[kɛtteraj]
seafaring	seevaart	[seə·fārt]
pirate	piraat, seerower	[pirāt], [seə·rovər]
piracy	piratery, seerowery	[pirateraj], [seə·roveraj]
boarding (attack)	enter	[ɛntər]
loot, booty	buit	[bœit]
treasures	skatte	[skattə]
discovery	ontdekking	[ontdɛkkiŋ]
to discover (new land, etc.)	ontdek	[ontdek]
expedition	ekspedisie	[ɛkspedisi]
musketeer	musketier	[musketir]
cardinal	kardinaal	[kardināl]
heraldry	heraldiek	[heraldik]
heraldic (adj)	heraldies	[heraldis]

117. Leader. Chief. Authorities

king	koning	[koniŋ]
queen	koningin	[koniŋin]

| royal (adj) | koninklik | [koninklik] |
| kingdom | koninkryk | [koninkrajk] |

| prince | prins | [prins] |
| princess | prinses | [prinsəs] |

president	president	[president]
vice-president	vise-president	[fise-president]
senator	senator	[senator]

monarch	monarg	[monarχ]
ruler (sovereign)	heerser	[heərsər]
dictator	diktator	[diktator]
tyrant	tiran	[tiran]
magnate	magnaat	[maχnāt]

director	direkteur	[direktøər]
chief	baas	[bās]
manager (director)	bestuurder	[bestɪrdər]
boss	baas	[bās]
owner	eienaar	[æjenār]

leader	leier	[læjer]
head (~ of delegation)	hoof	[hoəf]
authorities	outoriteite	[æʊtoritæjtə]
superiors	hoofde	[hoəfdə]

governor	goewerneur	[χuvernøər]
consul	konsul	[kɔŋsul]
diplomat	diplomaat	[diplomāt]
mayor	burgermeester	[burgər·meəstər]
sheriff	sheriff	[sheriff]

emperor	keiser	[kæjsər]
tsar, czar	tsaar	[tsār]
pharaoh	farao	[farao]
khan	kan	[kan]

118. Breaking the law. Criminals. Part 1

bandit	bandiet	[bandit]
crime	misdaad	[misdāt]
criminal (person)	misdadiger	[misdadiχər]

thief	dief	[dif]
to steal (vi, vt)	steel	[steəl]
stealing (larceny)	steel	[steəl]
theft	diefstal	[difstal]
to kidnap (vt)	ontvoer	[ontfur]
kidnapping	ontvoering	[ontfuriŋ]

kidnapper	ontvoerder	[ontfurdər]
ransom	losgeld	[losχɛlt]
to demand ransom	losgeld eis	[losχɛlt æjs]

to rob (vt)	besteel	[bestɛəl]
robbery	oorval	[oərfal]
robber	boef	[buf]

to extort (vt)	afpers	[afpers]
extortionist	afperser	[afpersər]
extortion	afpersing	[afpersiŋ]

to murder, to kill	vermoor	[fermoər]
murder	moord	[moərt]
murderer	moordenaar	[moərdenār]

gunshot	skoot	[skoət]
to shoot to death	doodskiet	[doədskit]
to shoot (vi)	skiet	[skit]
shooting	skietery	[skiteraj]

incident (fight, etc.)	insident	[insident]
fight, brawl	geveg	[χefeχ]
Help!	Help!	[hɛlp!]
victim	slagoffer	[slaχoffər]

to damage (vt)	beskadig	[beskadəχ]
damage	skade	[skadə]
dead body, corpse	lyk	[lajk]
grave (~ crime)	ernstig	[ɛrnstəχ]

to attack (vt)	aanval	[ānfal]
to beat (to hit)	slaan	[slān]
to beat up	platslaan	[platslān]
to take (rob of sth)	vat	[fat]
to stab to death	doodsteek	[doədsteək]
to maim (vt)	vermink	[fermink]
to wound (vt)	wond	[vont]

blackmail	afpersing	[afpersiŋ]
to blackmail (vt)	afpers	[afpers]
blackmailer	afperser	[afpersər]

protection racket	beskermingswendelary	[beskermiŋ·swendəlaraj]
racketeer	afperser	[afpersər]
gangster	boef	[buf]
mafia, Mob	mafia	[mafia]

pickpocket	sakkeroller	[sakkerollər]
burglar	inbreker	[inbrekər]
smuggling	smokkel	[smokkəl]
smuggler	smokkelaar	[smokkəlār]

119. Breaking the law. Criminals. Part 2

rape	verkragting	[ferkraxtiŋ]
to rape (vt)	verkrag	[ferkrax]
rapist	verkragter	[ferkraxtər]
maniac	maniak	[maniak]
prostitute (fem.)	prostituut	[prostitɪt]
prostitution	prostitusie	[prostitusi]
pimp	pooier	[pojer]
drug addict	dwelmslaaf	[dwɛlm·slāf]
drug dealer	dwelmhandelaar	[dwɛlm·handəlār]
to blow up (bomb)	opblaas	[opblās]
explosion	ontploffing	[ontploffiŋ]
to set fire	aan die brand steek	[ān di brant steek]
arsonist	brandstigter	[brant·stixtər]
terrorism	terrorisme	[terrorismə]
terrorist	terroris	[terroris]
hostage	gyselaar	[xajsəlār]
to swindle (deceive)	bedrieg	[bedrəx]
swindle, deception	bedrog	[bedrox]
swindler	bedrieër	[bedriɛr]
to bribe (vt)	omkoop	[omkoəp]
bribery	omkopery	[omkoperaj]
bribe	omkoopgeld	[omkoəp·xɛlt]
poison	gif	[xif]
to poison (vt)	vergiftig	[ferxiftəx]
to poison oneself	jouself vergiftig	[jæʊsɛlf ferxiftəx]
suicide (act)	selfmoord	[sɛlfmoərt]
suicide (person)	selfmoordenaar	[sɛlfmoərdenār]
to threaten (vt)	dreig	[dræjx]
threat	dreigement	[dræjxement]
attempt (attack)	aanslag	[āŋslax]
to steal (a car)	steel	[steəl]
to hijack (a plane)	kaap	[kāp]
revenge	wraak	[vrāk]
to avenge (get revenge)	wreek	[vreək]

---

forgery — vervalsing — [ferfalsiŋ]
to forge (counterfeit) — verval — [ferfal]
fake (forged) — vals — [fals]

to torture (vt)	martel	[martəl]
torture	marteling	[martəliŋ]
to torment (vt)	folter	[foltər]
pirate	piraat, seerower	[pirāt], [see·rovər]
hooligan	skollie	[skolli]
armed (adj)	gewapen	[χevapen]
violence	geweld	[χevɛlt]
illegal (unlawful)	onwettig	[onwɛttəχ]
spying (espionage)	spioenasie	[spiunasi]
to spy (vi)	spioeneer	[spiuneər]

120. Police. Law. Part 1

justice	justisie	[jəstisi]
court (see you in ~)	geregshof	[χereχshof]
judge	regter	[reχtər]
jurors	jurielede	[jurilede]
jury trial	jurieregspraak	[juri·reχsprāk]
to judge (vt)	bereg	[bereχ]
lawyer, attorney	advokaat	[adfokāt]
defendant	beklaagde	[beklāχde]
dock	beklaagdebank	[beklāχde·bank]
charge	aanklag	[ānklaχ]
accused	beskuldigde	[beskuldiχde]
sentence	vonnis	[fonnis]
to sentence (vt)	veroordeel	[feroərdeəl]
guilty (culprit)	skuldig	[skuldəχ]
to punish (vt)	straf	[straf]
punishment	straf	[straf]
fine (penalty)	boete	[butə]
life imprisonment	lewenslange gevangenisstraf	[levɛŋslaŋə χefaŋənis·straf]
death penalty	doodstraf	[doədstraf]
electric chair	elektriese stoel	[ɛlektrisə stul]
gallows	galg	[χalχ]
to execute (vt)	eksekuteer	[ɛksekuteər]
execution	eksekusie	[ɛksekusi]
prison, jail	tronk	[tronk]
cell	sel	[səl]
escort	eskort	[ɛskort]

prison guard	tronkbewaarder	[tronk·bevārdər]
prisoner	gevangene	[χefaŋənə]
handcuffs	handboeie	[hant·buje]
to handcuff (vt)	in die boeie slaan	[in di buje slān]
prison break	ontsnapping	[ontsnappiŋ]
to break out (vi)	ontsnap	[ontsnap]
to disappear (vi)	verdwyn	[ferdwajn]
to release (from prison)	vrylaat	[frajlāt]
amnesty	amnestie	[amnesti]
police	polisie	[polisi]
police officer	polisieman	[polisi·man]
police station	polisiestasie	[polisi·stasi]
billy club	knuppel	[knuppəl]
bullhorn	megafoon	[meχafoən]
patrol car	patrolliemotor	[patrolli·motor]
siren	sirene	[sirenə]
to turn on the siren	die sirene aanskakel	[di sirenə āŋskakəl]
siren call	sirenegeloei	[sirenə·χelui]
crime scene	misdaadtoneel	[misdād·toneəl]
witness	getuie	[χetœiə]
freedom	vryheid	[frajhæjt]
accomplice	medepligtige	[medə·pliχtiχə]
to flee (vi)	ontvlug	[ontfluχ]
trace (to leave a ~)	spoor	[spoər]

121. Police. Law. Part 2

search (investigation)	soektog	[suktoχ]
to look for …	soek …	[suk …]
suspicion	verdenking	[ferdɛnkiŋ]
suspicious (e.g., ~ vehicle)	verdag	[ferdaχ]
to stop (cause to halt)	teëhou	[teɛhæʋ]
to detain (keep in custody)	aanhou	[ānhæʋ]
case (lawsuit)	hofsaak	[hofsāk]
investigation	ondersoek	[ondərsuk]
detective	speurder	[spøərdər]
investigator	speurder	[spøərdər]
hypothesis	hipotese	[hipotesə]
motive	motief	[motif]
interrogation	ondervraging	[ondərfraχiŋ]
to interrogate (vt)	ondervra	[ondərfra]
to question (~ neighbors, etc.)	verhoor	[ferhoər]

check (identity ~)	kontroleer	[kontroleər]
round-up	klopjag	[klopjaχ]
search (~ warrant)	huissoeking	[hœis·sukiŋ]
chase (pursuit)	agtervolging	[aχtərfolχiŋ]
to pursue, to chase	agtervolg	[aχtərfolχ]
to track (a criminal)	opspoor	[opspoər]
arrest	inhegtenisneming	[inheχtenis·nemiŋ]
to arrest (sb)	arresteer	[arresteər]
to catch (thief, etc.)	vang	[faŋ]
capture	opsporing	[opsporiŋ]
document	dokument	[dokument]
proof (evidence)	bewys	[bevəjs]
to prove (vt)	bewys	[bevəjs]
footprint	voetspoor	[futspoər]
fingerprints	vingerafdrukke	[fiŋər·afdrukkə]
piece of evidence	bewysstuk	[bevəjs·stuk]
alibi	alibi	[alibi]
innocent (not guilty)	onskuldig	[ɔŋskuldəχ]
injustice	onreg	[onreχ]
unjust, unfair (adj)	onregverdig	[onreχferdəχ]
criminal (adj)	krimineel	[krimineəl]
to confiscate (vt)	in beslag neem	[in beslaχ neəm]
drug (illegal substance)	dwelm	[dwɛlm]
weapon, gun	wapen	[vapen]
to disarm (vt)	ontwapen	[ontvapen]
to order (command)	beveel	[befeəl]
to disappear (vi)	verdwyn	[ferdwajn]
law	wet	[vet]
legal, lawful (adj)	wettig	[vɛttəχ]
illegal, illicit (adj)	onwettig	[onwɛttəχ]
responsibility (blame)	verantwoordelikheid	[ferant·voərdelikhæjt]
responsible (adj)	verantwoordelik	[ferant·voərdelik]

NATURE

The Earth. Part 1

122. Outer space

space	kosmos	[kosmos]
space (as adj)	kosmies	[kosmis]
outer space	buitenste ruimte	[bœitɛŋstə rajmtə]

world	wêreld	[værɛlt]
universe	heelal	[heəlal]
galaxy	sterrestelsel	[sterrə·stɛlsəl]

star	ster	[ster]
constellation	sterrebeeld	[sterrə·beəlt]
planet	planeet	[planeət]
satellite	satelliet	[satɛllit]

meteorite	meteoriet	[meteorit]
comet	komeet	[komeət]
asteroid	asteroïed	[asteroïet]

orbit	baan	[bān]
to revolve (~ around the Earth)	draai	[drāi]
atmosphere	atmosfeer	[atmosfeər]

the Sun	die Son	[di son]
solar system	sonnestelsel	[sonnə·stɛlsəl]
solar eclipse	sonsverduistering	[sɔŋs·ferdœisteriŋ]

| the Earth | die Aarde | [di ārdə] |
| the Moon | die Maan | [di mān] |

Mars	Mars	[mars]
Venus	Venus	[fenus]
Jupiter	Jupiter	[jupitər]
Saturn	Saturnus	[saturnus]

Mercury	Mercurius	[merkurius]
Uranus	Uranus	[uranus]
Neptune	Neptunus	[neptunus]
Pluto	Pluto	[pluto]
Milky Way	Melkweg	[melk·weχ]

| Great Bear (Ursa Major) | Groot Beer | [xroet beer] |
| North Star | Poolster | [poəl·stər] |

Martian	marsbewoner	[mars·bevonər]
extraterrestrial (n)	buiteaardse wese	[bœitə·ārdsə vesə]
alien	ruimtewese	[rœimtə·vesə]
flying saucer	vlieënde skottel	[fliɛndə skottəl]

spaceship	ruimteskip	[rœimtə·skip]
space station	ruimtestasie	[rœimtə·stasi]
blast-off	vertrek	[fertrek]

engine	enjin	[ɛndʒin]
nozzle	uitlaatpyp	[œitlāt·pajp]
fuel	brandstof	[brantstof]

cockpit, flight deck	stuurkajuit	[stɪr·kajœit]
antenna	lugdraad	[luxdrāt]
porthole	patryspoort	[patrajs·poərt]
solar panel	sonpaneel	[son·paneəl]
spacesuit	ruimtepak	[rœimtə·pak]

| weightlessness | gewigloosheid | [xevixloəshæjt] |
| oxygen | suurstof | [sɪrstof] |

| docking (in space) | koppeling | [koppeliŋ] |
| to dock (vi, vt) | koppel | [koppəl] |

observatory	observatorium	[observatorium]
telescope	teleskoop	[teleskoəp]
to observe (vt)	waarneem	[vārneəm]
to explore (vt)	eksploreer	[ɛksploreər]

123. The Earth

the Earth	die Aarde	[di ārdə]
the globe (the Earth)	die aardbol	[di ārdbol]
planet	planeet	[planeət]

atmosphere	atmosfeer	[atmosfeər]
geography	geografie	[xeoxrafi]
nature	natuur	[natɪr]

globe (table ~)	aardbol	[ārd·bol]
map	kaart	[kārt]
atlas	atlas	[atlas]

Europe	Europa	[øəropa]
Asia	Asië	[asiɛ]
Africa	Afrika	[afrika]

Australia	**Australië**	[ɔustraliɛ]
America	**Amerika**	[amerika]
North America	**Noord-Amerika**	[noərd-amerika]
South America	**Suid-Amerika**	[sœid-amerika]

| Antarctica | **Suidpool** | [sœid·poəl] |
| the Arctic | **Noordpool** | [noərd·poəl] |

124. Cardinal directions

north	**noorde**	[noərdə]
to the north	**na die noorde**	[na di noərdə]
in the north	**in die noorde**	[in di noərdə]
northern (adj)	**noordelik**	[noərdəlik]

south	**suide**	[sœidə]
to the south	**na die suide**	[na di sœidə]
in the south	**in die suide**	[in di sœidə]
southern (adj)	**suidelik**	[sœidəlik]

west	**weste**	[vestə]
to the west	**na die weste**	[na di vestə]
in the west	**in die weste**	[in di vestə]
western (adj)	**westelik**	[vestelik]

east	**ooste**	[oestə]
to the east	**na die ooste**	[na di oestə]
in the east	**in die ooste**	[in di oestə]
eastern (adj)	**oostelik**	[oestəlik]

125. Sea. Ocean

sea	**see**	[seə]
ocean	**oseaan**	[oseān]
gulf (bay)	**golf**	[χolf]
straits	**straat**	[strāt]

| land (solid ground) | **land** | [lant] |
| continent (mainland) | **kontinent** | [kontinent] |

island	**eiland**	[æjlant]
peninsula	**skiereiland**	[skir·æjlant]
archipelago	**argipel**	[arχipəl]

bay, cove	**baai**	[bāi]
harbor	**hawe**	[havə]
lagoon	**strandmeer**	[strand·meər]
cape	**kaap**	[kāp]

atoll	**atol**	[atol]
reef	**rif**	[rif]
coral	**koraal**	[korāl]
coral reef	**koraalrif**	[korāl·rif]

deep (adj)	**diep**	[dip]
depth (deep water)	**diepte**	[diptə]
abyss	**afgrond**	[afχront]
trench (e.g., Mariana ~)	**trog**	[troχ]
current (Ocean ~)	**stroming**	[stromiŋ]
to surround (bathe)	**omring**	[omriŋ]

shore	**oewer**	[uvər]
coast	**kus**	[kus]

flow (flood tide)	**hoogwater**	[hoəχ·vatər]
ebb (ebb tide)	**laagwater**	[lāχ·vatər]
shoal	**sandbank**	[sand·bank]
bottom (~ of the sea)	**bodem**	[bodem]

wave	**golf**	[χolf]
crest (~ of a wave)	**kruin**	[krœin]
spume (sea foam)	**skuim**	[skœim]
storm (sea storm)	**storm**	[storm]
hurricane	**orkaan**	[orkān]
tsunami	**tsunami**	[tsunami]
calm (dead ~)	**windstilte**	[vindstiltə]
quiet, calm (adj)	**kalm**	[kalm]

pole	**pool**	[poəl]
polar (adj)	**polêr**	[polær]

latitude	**breedtegraad**	[breədtə·χrāt]
longitude	**lengtegraad**	[leŋtə·χrāt]
parallel	**parallel**	[parallel]
equator	**ewenaar**	[ɛvenār]

sky	**hemel**	[hemel]
horizon	**horison**	[horison]
air	**lug**	[luχ]

lighthouse	**vuurtoring**	[fɪrtoriŋ]
to dive (vi)	**duik**	[dœik]
to sink (ab. boat)	**sink**	[sink]
treasures	**skatte**	[skattə]

126. Seas' and Oceans' names

Atlantic Ocean	**Atlantiese oseaan**	[atlantisə oseān]
Indian Ocean	**Indiese Oseaan**	[indisə oseān]

| Pacific Ocean | Stille Oseaan | [stillə oseān] |
| Arctic Ocean | Noordelike Yssee | [noərdelikə ajs·seə] |

Black Sea	Swart See	[swart seə]
Red Sea	Rooi See	[roj seə]
Yellow Sea	Geel See	[χeəl seə]
White Sea	Witsee	[vit·seə]

Caspian Sea	Kaspiese See	[kaspisə seə]
Dead Sea	Dooie See	[doje seə]
Mediterranean Sea	Middellandse See	[middəllandsə seə]

| Aegean Sea | Egeïese See | [ɛχejesə seə] |
| Adriatic Sea | Adriatiese See | [adriatisə seə] |

Arabian Sea	Arabiese See	[arabisə seə]
Sea of Japan	Japanse See	[japaŋsə seə]
Bering Sea	Beringsee	[beriŋ·seə]
South China Sea	Suid-Sjinese See	[sœid-ʃinesə seə]

Coral Sea	Koraalsee	[korāl·seə]
Tasman Sea	Tasmansee	[tasmaŋ·seə]
Caribbean Sea	Karibiese See	[karibisə seə]

| Barents Sea | Barentssee | [barents·seə] |
| Kara Sea | Karasee | [kara·seə] |

North Sea	Noordsee	[noərd·seə]
Baltic Sea	Baltiese See	[baltisə seə]
Norwegian Sea	Noorse See	[noərsə seə]

127. Mountains

mountain	berg	[berχ]
mountain range	bergreeks	[berχ·reəks]
mountain ridge	bergrug	[berχ·ruχ]

summit, top	top	[top]
peak	piek	[pik]
foot (~ of the mountain)	voet	[fut]
slope (mountainside)	helling	[hɛlliŋ]

volcano	vulkaan	[fulkān]
active volcano	aktiewe vulkaan	[aktivə fulkān]
dormant volcano	rustende vulkaan	[rustendə fulkān]

eruption	uitbarsting	[œitbarstiŋ]
crater	krater	[kratər]
magma	magma	[maχma]
lava	lawa	[lava]

molten (~ lava)	gloeiende	[χlujendə]
canyon	diepkloof	[dip·kloəf]
gorge	kloof	[kloəf]
crevice	skeur	[skøər]
abyss (chasm)	afgrond	[afχront]
pass, col	bergpas	[berχ·pas]
plateau	plato	[plato]
cliff	krans	[kraŋs]
hill	kop	[kop]
glacier	gletser	[χletsər]
waterfall	waterval	[vatər·fal]
geyser	geiser	[χæjsər]
lake	meer	[meər]
plain	vlakte	[flaktə]
landscape	landskap	[landskap]
echo	eggo	[εχχo]
alpinist	alpinis	[alpinis]
rock climber	bergklimmer	[berχ·klimmər]
to conquer (in climbing)	baasraak	[bāsrāk]
climb (an easy ~)	beklimming	[beklimmiŋ]

128. Mountains names

The Alps	die Alpe	[di alpə]
Mont Blanc	Mont Blanc	[mon blan]
The Pyrenees	die Pireneë	[di pireneɛ]
The Carpathians	die Karpate	[di karpatə]
The Ural Mountains	die Oeralgebergte	[di ural·χəberχtə]
The Caucasus Mountains	die Koukasus Gebergte	[di kæʊkasus χəberχtə]
Mount Elbrus	Elbroes	[εlbrus]
The Altai Mountains	die Altai-gebergte	[di altaj-χəberχtə]
The Tian Shan	die Tian Shan	[di tian ʃan]
The Pamir Mountains	die Pamir	[di pamir]
The Himalayas	die Himalajas	[di himalajas]
Mount Everest	Everest	[εverest]
The Andes	die Andes	[di andes]
Mount Kilimanjaro	Kilimanjaro	[kilimandʒaro]

129. Rivers

river	rivier	[rifir]
spring (natural source)	bron	[bron]

riverbed (river channel)	rivierbed	[rifir·bet]
basin (river valley)	stroomgebied	[stroəm·χebit]
to flow into ...	uitmond in ...	[œitmont in ...]
tributary	syrivier	[saj·rifir]
bank (of river)	oewer	[uvər]
current (stream)	stroming	[stromiŋ]
downstream (adv)	stroomafwaarts	[stroəm·afvãrts]
upstream (adv)	stroomopwaarts	[stroəm·opvãrts]
inundation	oorstroming	[oərstromiŋ]
flooding	oorstroming	[oərstromiŋ]
to overflow (vi)	oor sy walle loop	[oər saj vallə loəp]
to flood (vt)	oorstroom	[oərstroəm]
shallow (shoal)	sandbank	[sand·bank]
rapids	stroomversnellings	[stroəm·fersnɛlliŋs]
dam	damwal	[dam·wal]
canal	kanaal	[kanãl]
reservoir (artificial lake)	opgaardam	[opχãr·dam]
sluice, lock	sluis	[slœis]
water body (pond, etc.)	dam	[dam]
swamp (marshland)	moeras	[muras]
bog, marsh	vlei	[flæj]
whirlpool	draaikolk	[drãj·kolk]
stream (brook)	spruit	[sprœit]
drinking (ab. water)	drink-	[drink-]
fresh (~ water)	vars	[fars]
ice	ys	[ajs]
to freeze over (ab. river, etc.)	bevries	[befris]

130. Rivers' names

Seine	Seine	[sæjn]
Loire	Loire	[lua:r]
Thames	Teems	[tems]
Rhine	Ryn	[rajn]
Danube	Donau	[donɔu]
Volga	Wolga	[volga]
Don	Don	[don]
Lena	Lena	[lena]
Yellow River	Geel Rivier	[χeəl rifir]

Yangtze	Blou Rivier	[blæʊ rifir]
Mekong	Mekong	[mekoŋ]
Ganges	Ganges	[χaŋəs]

Nile River	Nyl	[najl]
Congo River	Kongorivier	[kongo·rifir]
Okavango River	Okavango	[okavango]
Zambezi River	Zambezi	[sambesi]
Limpopo River	Limpopo	[limpopo]
Mississippi River	Mississippi	[mississippi]

131. Forest

| forest, wood | bos | [bos] |
| forest (as adj) | bos- | [bos-] |

thick forest	woud	[væʊt]
grove	boord	[boərt]
forest clearing	oopte	[oəptə]

| thicket | struikgewas | [strœik·χevas] |
| scrubland | struikveld | [strœik·fɛlt] |

| footpath (troddenpath) | paadjie | [pādʒi] |
| gully | donga | [donχa] |

tree	boom	[boəm]
leaf	blaar	[blār]
leaves (foliage)	blare	[blarə]

fall of leaves	val van die blare	[fal fan di blarə]
to fall (ab. leaves)	val	[fal]
top (of the tree)	boomtop	[boəm·top]

branch	tak	[tak]
bough	tak	[tak]
bud (on shrub, tree)	knop	[knop]
needle (of pine tree)	naald	[nālt]
pine cone	dennebol	[dɛnnə·bol]

hollow (in a tree)	holte	[holtə]
nest	nes	[nes]
burrow (animal hole)	gat	[χat]

trunk	stam	[stam]
root	wortel	[vortəl]
bark	bas	[bas]
moss	mos	[mos]
to uproot (remove trees or tree stumps)	ontwortel	[ontwortəl]

to chop down	omkap	[omkap]
to deforest (vt)	ontbos	[ontbos]
tree stump	boomstomp	[boəm·stomp]

campfire	kampvuur	[kampfɪr]
forest fire	bosbrand	[bos·brant]
to extinguish (vt)	blus	[blus]

forest ranger	boswagter	[bos·waχtər]
protection	beskerming	[beskermiŋ]
to protect (~ nature)	beskerm	[beskerm]
poacher	wildstroper	[vilt·stropər]
steel trap	slagyster	[slaχ·ajstər]

| to gather, to pick (vt) | pluk | [pluk] |
| to lose one's way | verdwaal | [ferdwāl] |

132. Natural resources

natural resources	natuurlike bronne	[natɪrlikə bronnə]
minerals	minerale	[mineralə]
deposits	lae	[laə]
field (e.g., oilfield)	veld	[fɛlt]

to mine (extract)	myn	[majn]
mining (extraction)	myn	[majn]
ore	erts	[ɛrts]
mine (e.g., for coal)	myn	[majn]
shaft (mine ~)	mynskag	[majn·skaχ]
miner	mynwerker	[majn·werkər]

| gas (natural ~) | gas | [χas] |
| gas pipeline | gaspyp | [χas·pajp] |

oil (petroleum)	olie	[oli]
oil pipeline	olipypleiding	[oli·pajp·læjdiŋ]
oil well	oliebron	[oli·bron]
derrick (tower)	boortoring	[boər·toriŋ]
tanker	tenkskip	[tɛnk·skip]

sand	sand	[sant]
limestone	kalksteen	[kalksteən]
gravel	gruis	[χrœis]
peat	veengrond	[feənχront]
clay	klei	[klæj]
coal	steenkool	[steən·koəl]

iron (ore)	yster	[ajstər]
gold	goud	[χæʊt]
silver	silwer	[silwər]

| nickel | nikkel | [nikkəl] |
| copper | koper | [kopər] |

zinc	sink	[sink]
manganese	mangaan	[manχān]
mercury	kwik	[kwik]
lead	lood	[loət]

mineral	mineraal	[minerāl]
crystal	kristal	[kristal]
marble	marmer	[marmər]
uranium	uraan	[urān]

The Earth. Part 2

133. Weather

weather	weer	[veər]
weather forecast	weersvoorspelling	[veərs·foərspɛllıŋ]
temperature	temperatuur	[temperatɪr]
thermometer	termometer	[termometər]
barometer	barometer	[barometər]
humid (adj)	klam	[klam]
humidity	vogtigheid	[foχtiχæjt]
heat (extreme ~)	hitte	[hittə]
hot (torrid)	heet	[heət]
it's hot	dis vrekwarm	[dis frekvarm]
it's warm	dit is warm	[dit is varm]
warm (moderately hot)	louwarm	[læʊvarm]
it's cold	dis koud	[dis kæʊt]
cold (adj)	koud	[kæʊt]
sun	son	[son]
to shine (vi)	skyn	[skajn]
sunny (day)	sonnig	[sonnəχ]
to come up (vi)	opkom	[opkom]
to set (vi)	ondergaan	[ondərχān]
cloud	wolk	[volk]
cloudy (adj)	bewolk	[bevolk]
rain cloud	reënwolk	[reɛn·wolk]
somber (gloomy)	somber	[sombər]
rain	reën	[reɛn]
it's raining	dit reën	[dit reɛn]
rainy (~ day, weather)	reënerig	[reɛnerəχ]
to drizzle (vi)	motreën	[motreɛn]
pouring rain	stortbui	[stortbœi]
downpour	reënvlaag	[reɛn·flāχ]
heavy (e.g., ~ rain)	swaar	[swār]
puddle	poeletjie	[puləki]
to get wet (in rain)	nat word	[nat vort]
fog (mist)	mis	[mis]
foggy	mistig	[mistəχ]

| snow | sneeu | [sniʊ] |
| it's snowing | dit sneeu | [dit sniʊ] |

134. Severe weather. Natural disasters

thunderstorm	donderstorm	[dondər·storm]
lightning (~ strike)	weerlig	[veərləx]
to flash (vi)	flits	[flits]

thunder	donder	[dondər]
to thunder (vi)	donder	[dondər]
it's thundering	dit donder	[dit dondər]

| hail | hael | [haəl] |
| it's hailing | dit hael | [dit haəl] |

| to flood (vt) | oorstroom | [oərstroəm] |
| flood, inundation | oorstroming | [oərstromiŋ] |

earthquake	aardbewing	[ārd·beviŋ]
tremor, quake	aardskok	[ārd·skok]
epicenter	episentrum	[ɛpisentrum]

| eruption | uitbarsting | [œitbarstiŋ] |
| lava | lawa | [lava] |

| twister, tornado | tornado | [tornado] |
| typhoon | tifoon | [tifoən] |

hurricane	orkaan	[orkān]
storm	storm	[storm]
tsunami	tsunami	[tsunami]

cyclone	sikloon	[sikloən]
bad weather	slegte weer	[slexte veər]
fire (accident)	brand	[brant]
disaster	ramp	[ramp]
meteorite	meteoriet	[meteorit]

avalanche	lawine	[lavinə]
snowslide	sneeulawine	[sniʊ·lavinə]
blizzard	sneeustorm	[sniʊ·storm]
snowstorm	sneeustorm	[sniʊ·storm]

Fauna

135. Mammals. Predators

predator	roofdier	[roef·dir]
tiger	tier	[tir]
lion	leeu	[liʊ]
wolf	wolf	[volf]
fox	vos	[fos]
jaguar	jaguar	[jaχuar]
leopard	luiperd	[lœipert]
cheetah	jagluiperd	[jaχ·lœipert]
black panther	swart luiperd	[swart lœipert]
puma	poema	[puma]
snow leopard	sneeuluiperd	[sniʊ·lœipert]
lynx	los	[los]
coyote	prêriewolf	[præri·volf]
jackal	jakkals	[jakkals]
hyena	hiëna	[hiɛna]

136. Wild animals

animal	dier	[dir]
beast (animal)	beest	[beest]
squirrel	eekhoring	[eekhoriŋ]
hedgehog	krimpvarkie	[krimpfarki]
hare	hasie	[hasi]
rabbit	konyn	[konajn]
badger	das	[das]
raccoon	wasbeer	[vasbeer]
hamster	hamster	[hamstər]
marmot	marmot	[marmot]
mole	mol	[mol]
mouse	muis	[mœis]
rat	rot	[rot]
bat	vlermuis	[fler·mœis]
ermine	hermelyn	[hermələjn]
sable	sabel, sabeldier	[sabəl], [sabəl·dir]

English	Afrikaans	IPA
marten	marter	[martər]
weasel	wesel	[vesəl]
mink	nerts	[nerts]
beaver	bewer	[bevər]
otter	otter	[ottər]
horse	perd	[pert]
moose	eland	[ɛlant]
deer	hert	[hert]
camel	kameel	[kameəl]
bison	bison	[bison]
aurochs	wisent	[visent]
buffalo	buffel	[buffəl]
zebra	sebra, kwagga	[sebra], [kwaχχa]
antelope	wildsbok	[vilds·bok]
roe deer	reebok	[reəbok]
fallow deer	damhert	[damhert]
chamois	gems	[χems]
wild boar	wildevark	[vildə·fark]
whale	walvis	[valfis]
seal	seehond	[see·hont]
walrus	walrus	[valrus]
fur seal	seebeer	[see·beər]
dolphin	dolfyn	[dolfajn]
bear	beer	[beər]
polar bear	ysbeer	[ajs·beər]
panda	panda	[panda]
monkey	aap	[ãp]
chimpanzee	sjimpansee	[ʃimpaŋseə]
orangutan	orangoetang	[oranχutaŋ]
gorilla	gorilla	[χorilla]
macaque	makaak	[makāk]
gibbon	gibbon	[χibbon]
elephant	olifant	[olifant]
rhinoceros	renoster	[renostər]
giraffe	kameelperd	[kameəl·pert]
hippopotamus	seekoei	[see·kui]
kangaroo	kangaroe	[kanχaru]
koala (bear)	koala	[koala]
mongoose	muishond	[mœis·hont]
chinchilla	chinchilla, tjintjilla	[tʃin·tʃila]
skunk	stinkmuishond	[stinkmœis·hont]
porcupine	ystervark	[ajstər·fark]

137. Domestic animals

cat	kat	[kat]
tomcat	kater	[katər]
dog	hond	[hont]
horse	perd	[pert]
stallion (male horse)	hings	[hiŋs]
mare	merrie	[merri]
cow	koei	[kui]
bull	bul	[bul]
ox	os	[os]
sheep (ewe)	skaap	[skãp]
ram	ram	[ram]
goat	bok	[bok]
billy goat, he-goat	bokram	[bok·ram]
donkey	donkie, esel	[donki], [eisəl]
mule	muil	[mœil]
pig, hog	vark	[fark]
piglet	varkie	[farki]
rabbit	konyn	[konajn]
hen (chicken)	hoender, hen	[hundər], [hen]
rooster	haan	[hãn]
duck	eend	[eent]
drake	mannetjieseend	[mannəkis·eent]
goose	gans	[χaŋs]
tom turkey, gobbler	kalkoenmannetjie	[kalkun·mannəki]
turkey (hen)	kalkoen	[kalkun]
domestic animals	huisdiere	[hœis·dirə]
tame (e.g., ~ hamster)	mak	[mak]
to tame (vt)	mak maak	[mak mãk]
to breed (vt)	teel	[teəl]
farm	plaas	[plãs]
poultry	pluimvee	[plœimfeə]
cattle	beeste	[beəstə]
herd (cattle)	kudde	[kuddə]
stable	stal	[stal]
pigpen	varkstal	[fark·stal]
cowshed	koeistal	[kui·stal]
rabbit hutch	konynehok	[konajnə·hok]
hen house	hoenderhok	[hundər·hok]

138. Birds

bird	voël	[foɛl]
pigeon	duif	[dœif]
sparrow	mossie	[mossi]
tit (great tit)	mees	[meəs]
magpie	ekster	[ɛkstər]
raven	raaf	[rãf]
crow	kraai	[krãi]
jackdaw	kerkkraai	[kerk·krãi]
rook	roek	[ruk]
duck	eend	[eent]
goose	gans	[χaŋs]
pheasant	fisant	[fisant]
eagle	arend	[arɛnt]
hawk	sperwer	[sperwər]
falcon	valk	[falk]
vulture	aasvoël	[ãsfoɛl]
condor (Andean ~)	kondor	[kondor]
swan	swaan	[swãn]
crane	kraanvoël	[krãn·foɛl]
stork	ooievaar	[ojefãr]
parrot	papegaai	[papəχãi]
hummingbird	kolibrie	[kolibri]
peacock	pou	[pæʊ]
ostrich	volstruis	[folstrœis]
heron	reier	[ræjer]
flamingo	flamink	[flamink]
pelican	pelikaan	[pelikãn]
nightingale	nagtegaal	[naχteχãl]
swallow	swael	[swaəl]
thrush	lyster	[lajstər]
song thrush	sanglyster	[saŋlajstər]
blackbird	merel	[merəl]
swift	windswael	[vindswaəl]
lark	lewerik	[leverik]
quail	kwartel	[kwartəl]
woodpecker	speg	[speχ]
cuckoo	koekoek	[kukuk]
owl	uil	[œil]
eagle owl	ooruil	[oərœil]

wood grouse	auerhoen	[ɔuer·hun]
black grouse	korhoen	[korhun]
partridge	patrys	[patrajs]
starling	spreeu	[spriʊ]
canary	kanarie	[kanari]
hazel grouse	bonasa hoen	[bonasa hun]
chaffinch	gryskoppie	[xrajskoppi]
bullfinch	bloedvink	[bludfink]
seagull	seemeeu	[seəmiʊ]
albatross	albatros	[albatros]
penguin	pikkewyn	[pikkəvajn]

139. Fish. Marine animals

bream	brasem	[brasem]
carp	karp	[karp]
perch	baars	[bārs]
catfish	katvis, seebaber	[katfis], [seə·babər]
pike	snoek	[snuk]
salmon	salm	[salm]
sturgeon	steur	[støər]
herring	haring	[hariŋ]
Atlantic salmon	atlantiese salm	[atlantisə salm]
mackerel	makriel	[makril]
flatfish	platvis	[platfis]
zander, pike perch	varswatersnoek	[farswatər·snuk]
cod	kabeljou	[kabeljæʊ]
tuna	tuna	[tuna]
trout	forel	[forəl]
eel	paling	[paliŋ]
electric ray	drilvis	[drilfis]
moray eel	bontpaling	[bontpaliŋ]
piranha	piranha	[piranha]
shark	haai	[hāi]
dolphin	dolfyn	[dolfajn]
whale	walvis	[valfis]
crab	krap	[krap]
jellyfish	jellievis	[jelli·fis]
octopus	seekat	[seə·kat]
starfish	seester	[seə·stər]
sea urchin	see-egel, seekastaiing	[seə-eχel], [seə·kastajiŋ]

seahorse	seeperdjie	[seə·perdʒi]
oyster	oester	[ustər]
shrimp	garnaal	[ɣarnāl]
lobster	kreef	[kreəf]
spiny lobster	seekreef	[seə·kreəf]

140. Amphibians. Reptiles

| snake | slang | [slaŋ] |
| venomous (snake) | giftig | [χiftəχ] |

viper	adder	[addər]
cobra	kobra	[kobra]
python	luislang	[lœislaŋ]
boa	boa, konstriktorslang	[boa], [kɔŋstriktor·slaŋ]

grass snake	ringslang	[riŋ·slaŋ]
rattle snake	ratelslang	[ratəl·slaŋ]
anaconda	anakonda	[anakonda]

lizard	akkedis	[akkedis]
iguana	leguaan	[leχuān]
monitor lizard	likkewaan	[likkevān]
salamander	salamander	[salamandər]
chameleon	verkleurmannetjie	[ferkløør·manneki]
scorpion	skerpioen	[skerpiun]

turtle	skilpad	[skilpat]
frog	padda	[padda]
toad	brulpadda	[brul·padda]
crocodile	krokodil	[krokodil]

141. Insects

insect, bug	insek	[insek]
butterfly	skoenlapper	[skunlappər]
ant	mier	[mir]
fly	vlieg	[fliχ]
mosquito	muskiet	[muskit]
beetle	kewer	[kevər]

wasp	perdeby	[perdə·baj]
bee	by	[baj]
bumblebee	hommelby	[hommǝl·baj]
gadfly (botfly)	perdevlieg	[perdǝ·fliχ]

| spider | spinnekop | [spinnə·kop] |
| spiderweb | spinnerak | [spinnə·rak] |

dragonfly	**naaldekoker**	[nāldə·kokər]
grasshopper	**sprinkaan**	[sprinkān]
moth (night butterfly)	**mot**	[mot]
cockroach	**kakkerlak**	[kakkerlak]
tick	**bosluis**	[boslœis]
flea	**vlooi**	[floj]
midge	**muggie**	[muχχi]
locust	**treksprinkhaan**	[trek·sprinkhān]
snail	**slak**	[slak]
cricket	**kriek**	[krik]
lightning bug	**vuurvliegie**	[fɪrfliχi]
ladybug	**lieweheersbesie**	[liveheərs·besi]
cockchafer	**lentekewer**	[lentekevər]
leech	**bloedsuier**	[blud·sœiər]
caterpillar	**ruspe**	[ruspə]
earthworm	**erdwurm**	[ɛrd·vurm]
larva	**larwe**	[larvə]

Flora

142. Trees

tree	boom	[boəm]
deciduous (adj)	bladwisselend	[bladwisselent]
coniferous (adj)	kegeldraend	[keχɛldraent]
evergreen (adj)	immergroen	[immərχrun]

apple tree	appelboom	[appɛl·boəm]
pear tree	peerboom	[peər·boəm]
cherry tree	kersieboom	[kersi·boəm]
sweet cherry tree	soetkersieboom	[sutkersi·boəm]
sour cherry tree	suurkersieboom	[sɪrkersi·boəm]
plum tree	pruimeboom	[prœimə·boəm]

birch	berk	[berk]
oak	eik	[æjk]
linden tree	lindeboom	[lində·boəm]
aspen	trilpopulier	[trilpopulir]
maple	esdoring	[ɛsdoriŋ]

spruce	spar	[spar]
pine	denneboom	[dɛnnə·boəm]
larch	lorkeboom	[lorkə·boəm]
fir tree	den	[den]
cedar	seder	[sedər]

poplar	populier	[populir]
rowan	lysterbessie	[lajstərbɛssi]
willow	wilger	[vilχər]
alder	els	[ɛls]

beech	beuk	[bøək]
elm	olm	[olm]
ash (tree)	esboom	[ɛs·boəm]
chestnut	kastaiing	[kastajiŋ]

magnolia	magnolia	[maχnolia]
palm tree	palm	[palm]
cypress	sipres	[sipres]

mangrove	wortelboom	[vortəl·boəm]
baobab	kremetart	[kremetart]
eucalyptus	bloekom	[blukom]
sequoia	mammoetboom	[mammut·boəm]

143. Shrubs

bush	**struik**	[strœik]
shrub	**bossie**	[bossi]
grapevine	**wingerdstok**	[viŋərd·stok]
vineyard	**wingerd**	[viŋərt]
raspberry bush	**framboosstruik**	[framboəs·strœik]
blackcurrant bush	**swartbessiestruik**	[swartbɛssi·strœik]
redcurrant bush	**rooi aalbessiestruik**	[roj ālbɛssi·strœik]
gooseberry bush	**appeliefiestruik**	[appɛllifi·strœik]
acacia	**akasia**	[akasia]
barberry	**suurbessie**	[sɪr·bɛssi]
jasmine	**jasmyn**	[jasmajn]
juniper	**jenewer**	[jenevər]
rosebush	**roosstruik**	[roəs·strœik]
dog rose	**hondsroos**	[honds·roəs]

144. Fruits. Berries

fruit	**vrug**	[fruχ]
fruits	**vrugte**	[fruχtə]
apple	**appel**	[appəl]
pear	**peer**	[peər]
plum	**pruim**	[prœim]
strawberry (garden ~)	**aarbei**	[ārbæj]
cherry	**kersie**	[kersi]
sour cherry	**suurkersie**	[sɪr·kersi]
sweet cherry	**soetkersie**	[sut·kersi]
grape	**druif**	[drœif]
raspberry	**framboos**	[framboəs]
blackcurrant	**swartbessie**	[swartbɛssi]
redcurrant	**rooi aalbessie**	[roj ālbɛssi]
gooseberry	**appelliefie**	[appɛllifi]
cranberry	**bosbessie**	[bosbɛssi]
orange	**lemoen**	[lemun]
mandarin	**nartjie**	[narki]
pineapple	**pynappel**	[pajnappəl]
banana	**piesang**	[pisaŋ]
date	**dadel**	[dadəl]
lemon	**suurlemoen**	[sɪr·lemun]
apricot	**appelkoos**	[appɛlkoəs]

peach	perske	[perskə]
kiwi	kiwi, kiwivrug	[kivi], [kivi·fruχ]
grapefruit	pomelo	[pomelo]

berry	bessie	[bɛssi]
berries	bessies	[bɛssis]
cowberry	pryselbessie	[prajsɛlbɛssi]
wild strawberry	wilde aarbei	[vildə ārbæj]
bilberry	bloubessie	[blæʊbɛssi]

145. Flowers. Plants

| flower | blom | [blom] |
| bouquet (of flowers) | boeket | [buket] |

rose (flower)	roos	[roəs]
tulip	tulp	[tulp]
carnation	angelier	[anχəlir]
gladiolus	swaardlelie	[swārd·leli]

cornflower	koringblom	[koriŋblom]
harebell	grasklokkie	[χras·klokki]
dandelion	perdeblom	[perdə·blom]
camomile	kamille	[kamillə]

aloe	aalwyn	[ālwajn]
cactus	kaktus	[kaktus]
rubber plant, ficus	rubberplant	[rubbər·plant]

lily	lelie	[leli]
geranium	malva	[malfa]
hyacinth	hiasint	[hiasint]

mimosa	mimosa	[mimosa]
narcissus	narsing	[narsiŋ]
nasturtium	kappertjie	[kapperki]

orchid	orgidee	[orχideə]
peony	pinksterroos	[pinkstər·roəs]
violet	viooltjie	[fioəlki]

pansy	gesiggie	[χesiχi]
forget-me-not	vergeet-my-nietjie	[ferχeət-maj-niki]
daisy	madeliefie	[madelifi]

poppy	papawer	[papavər]
hemp	hennep	[hɛnnəp]
mint	kruisement	[krœisəment]
lily of the valley	dallelie	[dalleli]
snowdrop	sneeuklokkie	[sniʊ·klokki]

nettle	brandnetel	[brant·netəl]
sorrel	veldsuring	[fɛltsuriŋ]
water lily	waterlelie	[vatər·leli]
fern	varing	[fariŋ]
lichen	korsmos	[korsmos]
greenhouse (tropical ~)	broeikas	[bruikas]
lawn	grasperk	[χras·perk]
flowerbed	blombed	[blom·bet]
plant	plant	[plant]
grass	gras	[χras]
blade of grass	grasspriet	[χras·sprit]
leaf	blaar	[blãr]
petal	kroonblaar	[kroən·blãr]
stem	stingel	[stiŋəl]
tuber	knol	[knol]
young plant (shoot)	saailing	[sãjliŋ]
thorn	doring	[doriŋ]
to blossom (vi)	bloei	[blui]
to fade, to wither	verlep	[fɛrlep]
smell (odor)	reuk	[røək]
to cut (flowers)	sny	[snaj]
to pick (a flower)	pluk	[pluk]

146. Cereals, grains

grain	graan	[χrãn]
cereal crops	graangewasse	[χrãn·χəwassə]
ear (of barley, etc.)	aar	[ãr]
wheat	koring	[koriŋ]
rye	rog	[roχ]
oats	hawer	[havər]
millet	gierst	[χirst]
barley	gars	[χars]
corn	mielie	[mili]
rice	rys	[rajs]
buckwheat	bokwiet	[bokwit]
pea plant	ertjie	[ɛrki]
kidney bean	nierboon	[nir·boən]
soy	soja	[soja]
lentil	lensie	[lɛŋsi]
beans (pulse crops)	boontjies	[boənkis]

COUNTRIES. NATIONALITIES

147. Western Europe

Europe	Europa	[øəropa]
European Union	Europese Unie	[øəropesə uni]
Austria	Oostenryk	[oəstenrajk]
Great Britain	Groot-Brittanje	[χroət-brittanje]
England	Engeland	[ɛŋəlant]
Belgium	België	[belχiɛ]
Germany	Duitsland	[dœitslant]
Netherlands	Nederland	[nedərlant]
Holland	Holland	[hollant]
Greece	Griekeland	[χrikəlant]
Denmark	Denemarke	[denemarkə]
Ireland	Ierland	[irlant]
Iceland	Ysland	[ajslant]
Spain	Spanje	[spanje]
Italy	Italië	[italiɛ]
Cyprus	Ciprus	[siprus]
Malta	Malta	[malta]
Norway	Noorweë	[noərweɛ]
Portugal	Portugal	[portuχal]
Finland	Finland	[finlant]
France	Frankryk	[frankrajk]
Sweden	Swede	[swedə]
Switzerland	Switserland	[switsərlant]
Scotland	Skotland	[skotlant]
Vatican	Vatikaan	[fatikān]
Liechtenstein	Lichtenstein	[liχtɛŋstejn]
Luxembourg	Luksemburg	[luksemburχ]
Monaco	Monako	[monako]

148. Central and Eastern Europe

Albania	Albanië	[albaniɛ]
Bulgaria	Bulgarye	[bulχaraje]
Hungary	Hongarye	[honχarəje]

Latvia	Letland	[lɛtlant]
Lithuania	Litoue	[litæʊə]
Poland	Pole	[polə]

Romania	Roemenië	[rumeniɛ]
Serbia	Serwië	[sɛrwiɛ]
Slovakia	Slowakye	[slovakajə]

Croatia	Kroasië	[kroasiɛ]
Czech Republic	Tjeggië	[tʃeχiɛ]
Estonia	Estland	[ɛstlant]

Bosnia and Herzegovina	Bosnië & Herzegowina	[bosniɛ en hersegovina]
Macedonia (Republic of ~)	Masedonië	[masedoniɛ]
Slovenia	Slovenië	[slofeniɛ]
Montenegro	Montenegro	[montənegro]

149. Former USSR countries

| Azerbaijan | Azerbeidjan | [azerbæjdjan] |
| Armenia | Armenië | [armeniɛ] |

Belarus	Belarus	[belarus]
Georgia	Georgië	[χeorχiɛ]
Kazakhstan	Kazakstan	[kasakstan]
Kirghizia	Kirgisië	[kirχisiɛ]
Moldova, Moldavia	Moldawië	[moldaviɛ]

| Russia | Rusland | [ruslant] |
| Ukraine | Oekraïne | [ukraïnə] |

Tajikistan	Tadjikistan	[tadʒikistan]
Turkmenistan	Turkmenistan	[turkmenistan]
Uzbekistan	Oezbekistan	[uzbekistan]

150. Asia

Asia	Asië	[asiɛ]
Vietnam	Viëtnam	[viɛtnam]
India	Indië	[indiɛ]
Israel	Israel	[israəl]

China	Sjina	[ʃina]
Lebanon	Libanon	[libanon]
Mongolia	Mongolië	[monχoliɛ]

| Malaysia | Maleisië | [malæjsiɛ] |
| Pakistan | Pakistan | [pakistan] |

Saudi Arabia	**Saoedi-Arabië**	[saudi-arabiɛ]
Thailand	**Thailand**	[tajlant]
Taiwan	**Taiwan**	[tajvan]
Turkey	**Turkye**	[turkaje]
Japan	**Japan**	[japan]

Afghanistan	**Afghanistan**	[afχanistan]
Bangladesh	**Bangladesj**	[bangladeʃ]
Indonesia	**Indonesië**	[indonesiɛ]
Jordan	**Jordanië**	[jordaniɛ]

Iraq	**Irak**	[irak]
Iran	**Iran**	[iran]
Cambodia	**Kambodja**	[kambodja]
Kuwait	**Kuwait**	[kuvajt]

Laos	**Laos**	[laos]
Myanmar	**Myanmar**	[mjanmar]
Nepal	**Nepal**	[nepal]
United Arab Emirates	**Verenigde Arabiese Emirate**	[fereniχdə arabisə emiratə]

Syria	**Sirië**	[siriɛ]
Palestine	**Palestina**	[palestina]
South Korea	**Suid-Korea**	[sœid-korea]
North Korea	**Noord-Korea**	[noərd-korea]

151. North America

United States of America	**Verenigde State van Amerika**	[fereniχdə statə fan amerika]
Canada	**Kanada**	[kanada]
Mexico	**Meksiko**	[meksiko]

152. Central and South America

Argentina	**Argentinië**	[arχentiniɛ]
Brazil	**Brasilië**	[brasiliɛ]
Colombia	**Colombia, Kolombië**	[kolombia], [kolombiɛ]
Cuba	**Kuba**	[kuba]
Chile	**Chili**	[tʃili]

Bolivia	**Bolivië**	[boliviɛ]
Venezuela	**Venezuela**	[fenesuela]
Paraguay	**Paraguay**	[paragwaj]
Peru	**Peru**	[peru]
Suriname	**Suriname**	[surinamə]
Uruguay	**Uruguay**	[urugwaj]

Ecuador	Ecuador	[ɛkuador]
The Bahamas	die Bahamas	[di bahamas]
Haiti	Haïti	[haïti]

Dominican Republic	Dominikaanse Republiek	[dominikãŋsə republik]
Panama	Panama	[panama]
Jamaica	Jamaika	[jamajka]

153. Africa

Egypt	Egipte	[ɛχiptə]
Morocco	Marokko	[marokko]
Tunisia	Tunisië	[tunisiɛ]

Ghana	Ghana	[χana]
Zanzibar	Zanzibar	[zanzibar]
Kenya	Kenia	[kenia]
Libya	Libië	[libiɛ]
Madagascar	Madagaskar	[madaχaskar]

Namibia	Namibië	[namibiɛ]
Senegal	Senegal	[seneχal]
Tanzania	Tanzanië	[tansaniɛ]
South Africa	Suid-Afrika	[sœid-afrika]

154. Australia. Oceania

| Australia | Australië | [ɔustraliɛ] |
| New Zealand | Nieu-Seeland | [niu-seəlant] |

| Tasmania | Tasmanië | [tasmaniɛ] |
| French Polynesia | Frans-Polinesië | [fraŋs-polinesiɛ] |

155. Cities

Amsterdam	Amsterdam	[amsterdam]
Ankara	Ankara	[ankara]
Athens	Athene	[atenə]
Baghdad	Bagdad	[baχdat]
Bangkok	Bangkok	[baŋkok]

Barcelona	Barcelona	[barselona]
Beijing	Beijing	[bæjdʒiŋ]
Beirut	Beiroet	[bæjrut]
Berlin	Berlyn	[berlæjn]
Bonn	Bonn	[bonn]

Bordeaux	**Bordeaux**	[bordo:]
Bratislava	**Bratislava**	[bratislava]
Brussels	**Brussel**	[brussəl]
Bucharest	**Boekarest**	[bukarest]
Budapest	**Boedapest**	[budapest]
Cairo	**Cairo**	[kajro]
Chicago	**Chicago**	[ʃikago]
Copenhagen	**Kopenhagen**	[kopənχagen]
Dar-es-Salaam	**Dar-es-Salaam**	[dar-es-salām]
Delhi	**Delhi**	[deli]
Dubai	**Dubai**	[dubaj]
Dublin	**Dublin**	[dablin]
Düsseldorf	**Dusseldorf**	[dussɛldorf]
Florence	**Florence**	[florɛŋs]
Frankfurt	**Frankfurt**	[frankfurt]
Geneva	**Genève**	[dʒɛnɛ:v]
Hamburg	**Hamburg**	[hamburχ]
Hanoi	**Hanoi**	[hanoj]
Havana	**Havana**	[havana]
Helsinki	**Helsinki**	[hɛlsinki]
Hiroshima	**Hiroshima**	[hiroʃima]
Hong Kong	**Hongkong**	[hoŋkoŋ]
Istanbul	**Istanbul**	[istanbul]
Jerusalem	**Jerusalem**	[jerusalem]
Kolkata (Calcutta)	**Kalkutta**	[kalkutta]
Kuala Lumpur	**Kuala Lumpur**	[kuala lumpur]
Kyiv	**Kiëf**	[kiɛf]
Lisbon	**Lissabon**	[lissabon]
London	**Londen**	[londen]
Los Angeles	**Los Angeles**	[los andʒəles]
Lyons	**Lyon**	[lioŋ]
Madrid	**Madrid**	[madrit]
Marseille	**Marseille**	[marsæj]
Mexico City	**Meksiko Stad**	[meksiko stat]
Miami	**Miami**	[majami]
Montreal	**Montreal**	[montreal]
Moscow	**Moskou**	[moskæʊ]
Mumbai (Bombay)	**Moembai**	[mumbaj]
Munich	**München**	[mønchen]
Nairobi	**Nairobi**	[najrobi]
Naples	**Napels**	[napɛls]
New York	**New York**	[nju jork]
Nice	**Nice**	[nis]
Oslo	**Oslo**	[oslo]

Ottawa	**Ottawa**	[ottava]
Paris	**Parys**	[parajs]
Prague	**Praag**	[prãχ]
Rio de Janeiro	**Rio de Janeiro**	[rio də janæjro]
Rome	**Rome**	[romə]
Saint Petersburg	**Sint-Petersburg**	[sint-petersburg]
Seoul	**Seoel**	[seul]
Shanghai	**Shanghai**	[ʃangaj]
Singapore	**Singapore**	[singaporə]
Stockholm	**Stockholm**	[stokχolm]
Sydney	**Sydney**	[sidni]
Taipei	**Taipei**	[tæjpæj]
The Hague	**Den Haag**	[den hãχ]
Tokyo	**Tokio**	[tokio]
Toronto	**Toronto**	[toronto]
Venice	**Venesië**	[fenesiɛ]
Vienna	**Wene**	[venə]
Warsaw	**Warskou**	[varskæʊ]
Washington	**Washington**	[vaʃington]

www.ingramcontent.com/pod-product-compliance
Lightning Source LLC
Chambersburg PA
CBHW070551050426
42450CB00011B/2806